マンガでわかる！人は「暗示」で9割動く！

連拜託都不用 這樣暗示最有效

漫畫超圖解！用「暗示」就能順利動搖他人的心

內藤誼人——著
羊恩媺——譯

方舟文化

作者序

使用「暗示」能做什麼？

★一秒解除對方的警戒心！

★讓對方乖乖聽自己的要求。

★增加幫手，順利完成工作！

★讓主管、同事主動幫自己一把。

大部分的人是不是都認為：擁有上述能力的人一定擁有相當卓越的溝通能力呢？但其實這沒什麼了不起的，**只要使用「暗示」，任何人都能輕鬆得到這樣的成果。**

暗示，即「心理誘導」的一種，建議大家平常在與他人溝通時，可以更加積極地使用暗示的技巧——也就是所謂的「暗示溝通」。

「暗示溝通」是指在「用字遣詞」、「表情」、「舉止」等，只要稍花心思，就能使對方不知不覺地感到舒適或討對方喜歡，進一步輕鬆驅使別人做事的心理術，更棒的是「所有場合」都能適用，可說是現代人必學的溝通法。

無論是刻意練習，或是根據一直以來長期累積的經驗，其實不少優秀的商務人士或是一流人才，早已融會貫通並自然而然地在日常生活中使用「暗示溝通」。

或許有些人會覺得「暗示」這個字有點彆扭，或是感覺很難實踐，但事實上，在你我的對話中，早已含有許多「暗示」，甚至連你的「真心話」暗示也有跡可循。

人心的微妙超乎我們的想像，很容易因某件小事而引發波瀾，再微不足道的言行舉止都能讓心情忽然起伏或瞬間平靜下來。

若是在不了解這種人心微妙之處的情況下進行對話，就有可能在意想不到的地方讓人際關係出現裂痕，或是碰到倒楣的事。

為了順利地進行想做的事情，好好享受工作和人生，希望大家一定要知道「暗示溝通」的基本規則並聰明地活用。

這樣的「暗示力」，能驅動所有人！

除此之外，「暗示溝通」並不是將人催眠後欺騙對方的方法。

這是為了讓想要偷偷地使用「心理誘導」技巧的人而存在的積極溝通入門術。

只要閱讀本書，大家應該會發現自己過去無意間的發言，其實有嚴重傷害彼此關係的可

讓對方放鬆，解除武裝
就能有效地將訊息送進對方心中。

能，只要學習本書介紹的技巧，不僅能避免自己說出傷人的話語，也能獲得如何待人接物的指針。

與人交際，是靠會不會暗示溝通來決定的！

★用盡詞彙還是不知道該如何表達。

★不知道為什麼很容易被誤解。

★無法打動別人。

接下來我會介紹能在一瞬間解決這些煩惱的方法，這些方法極其簡單，任何人都能輕易做到，不僅可以瞬間解除對方的警戒心、輕鬆建構與對方的信賴關係、獲得對方的贊同……

還能藉由巧妙地提出反對意見，讓自己的想法獲得認可，使自己的支持者增加。除此之外，本書也會介紹如何鼓舞自己、擁有自信的方法，希望大家一定要參考看看！

本書是銷售突破十五萬本的系列延伸作品，直至今日，仍有不少讀者好評回饋。

在做好萬全的準備後，我這次推出了漫畫版。精挑細選出一些技巧，並努力用更好理解的方式說明。每一個項目都會用漫畫簡單地解說，所以請大家放輕鬆閱讀。

書中介紹了許多能在日常場合輕鬆使用的技巧，以及顛覆常識的有趣心理學知識。

希望大家能快樂地跟我一起看到最後。

二〇一八年十月吉日

內藤誼人

的確，如果覺得對方是很和藹的人，自己也就會面帶笑容跟對方打招呼呢。
沒錯！重點就在這裡！

目次

第一章
靠這招讓「心理誘導」成功！

第二章

不起衝突就讓自己的意見通過的「嚴選技巧」

第三章

讓意志力日益變強的「自我暗示」

第四章

能與困難的對象交手的「極致技巧」

主要登場人物

武本朱莉（26 歲）

雖然當上企劃部的組長，仍無法與其他成員相互理解，團隊氣氛也總是很低迷。為了讓企劃部規劃的「商店街串連活動」成功，請前輩相樂教她「暗示溝通」。

相樂晃司（27 歲）

優秀的業務促進部一課的組長，因團隊表現優異，獲頒社內金獎。過去很不擅長溝通，不過在奮發圖強學習心理學，並活用於工作上後，善盡組長的職務，成為公司內首屈一指的人才。

[序　曲]

×

積極溝通的暗示心理學

——觸發「無意識」一舉打動人心

活動企劃公司
OMD
我不是說過……要用C案執行嗎？
……我知道了，武本組長。
企劃部組長
武本朱莉（26歲）
又來了……
為什麼會這樣……
我明明很努力，團隊的氣氛卻不斷地變低迷……
即將公布本期專案金獎，請各位前往二樓會議室集合。

本期表現出最佳成果，榮獲「金獎」的是業務促進部一課的團隊！
那麼，讓我們請團隊組長——業務促進部的相樂來發表感言。
好好喔……
這個人一定跟屬下處得很好，才能做出這麼好的成果吧。
這次的專案用了在○○和△△學習的方法
熱烈的鼓掌聲!!
對我來說是遙不可及的存在。
休息室
唉……
實在不想回到氣氛凝重的座位，忍不住來到這裡了。

啊——可惡！到底該怎麼辦才好啦——！
哇！
驚
驚
對對對對不起！我以為沒人才叫出聲！
好可恥——
咦？妳是朱莉？
呃，我是沒錯……？
是在跟我裝熟嗎……？
啊，原來。我戴眼鏡所以妳沒認出來吧？

我是高中跟妳哥哥同班的相樂。
太丟臉了……！
這是我第一次被交代做的小案子，但是跟成員處不好……
請不要告訴我哥～～
業務促進部　一課
相樂晃司（27歲）
啊！
我覺得自己距離相樂哥這種拿金獎的組長好遙遠，心情好低落……
不不不！！沒那回事。
我的第一個案子也是跟成員起衝突，徹底失敗了喔。
為了扳回一城，我也是一邊學，才走到現在這一步的。
原來是這樣啊……

但是，
能像這樣做出成果，應該是拜「暗示溝通」所賜吧！
暗示……？？
啊啊！絕對不是什麼可疑的催眠術啦！
暗示溝通是為了不跟擁有不同意見的人產生衝突，是建構良好關係的
微心理誘導，
是積極的溝通術喔。

哇！
緊握!!
相樂哥!!
請教我暗示溝通！
我想在自己的團隊裡跟大家快樂地工作……
無論如何都想改變現在的狀況！
好，二個月！
我用二個月教妳暗示溝通吧！
謝謝……
哎呀！對不起！不小心握下去了！
妳終於發現了……

辛苦了—
辛苦了—
請……請……請多多指教！
我會在每週三的不加班日教妳！
噗
僵硬
緊繃
不用那麼緊張啦……
太緊張看起來好好笑
因為你特地擠出時間，我覺得自己一定要好好努力才行……
好！
今天就教妳在進行暗示溝通之前必須先知道的2件事吧！
2

第一是意識和無意識！
意識……？
意識是指自己有什麼感覺、自覺到的內心動靜。
最喜歡了——！
好快樂——！
反過來說，無意識是自己無法自覺、沒有發覺的內心動靜。
為什麼覺得有點疙瘩……？
根據心理學家榮格的說法……
「意識」下存在著龐大的「無意識」
意識
無意識
這個龐大的領域會大幅影響人的思考或行動。

只要使用暗示，就能在「無意識」之間直接帶來影響。
喔！！
無意識
忙忙碌碌
什麼！
原來如此！
第二個重點是
卸下對方的心防，讓對方感到安心！
讓對方放鬆，解除武裝，
就能有效地將訊息送進對方心中。

只要在這 2 個前提下
進行暗示溝通，
就可以消除
這樣的煩惱！
想要好好傳達自己的心意
想要在不破壞人際關係的情況下說服對方
想要借助別人的力量
想要成功了解後輩、屬下
哇！這些全都是我的煩惱！
這是任何人都能使用與學會的方法，
所以只要掌握訣竅，
馬上就能做喔。
妳要不要試試看？
要！我想試試看。

重點 POINT

能力強的人很擅長觸發「無意識」

心理學家榮格（Carl Gustav Jung）用冰山來說明，人的心分為「意識」和「無意識」兩個區塊。

根據他的說法，「意識」只不過是在海上看見的冰山一角，海面下潛藏著巨大的「無意識」領域。而這個無意識會對人們的思考或行動等帶來很大的影響。

換句話說，即使看起來像是有意識的行動，人的行動大半都是在無意識的力量下驅動的。只要無法驅動他人潛藏在冰山下的無意識，就無法順利打動別人。

了解人們會因為無意識的力量做出什麼行動，以及行動的方法，不僅能提升大家的對話能力，也能有效增加個人魅力。

能強力觸發無意識的方法，其實就是「暗示」。接下來本書會用簡單易懂的方式來介紹，不僅能打動人心，還可以發揮極佳效果的「暗示」！

[第一章]

×

靠這招讓「心理誘導」成功！

——能瞬間解除警戒心的暗示

休息室
請喝茶。
朱莉，謝謝！
那個……如果可以的話，可以請你叫我武本嗎？
感覺有點害羞……
對不起！我一不小心就……畢竟我們已經出社會了嘛。
妳跟團隊成員處得很不好嗎？
是的……團隊的氣氛每況愈下。
我應該沒有說什麼不對的話，
但不管說什麼，氣氛都會變緊張，所以我很害怕說話……
說話……嗎？
叩……

其實，除了交談之外，還有其他建立信賴關係的方法喔。
非語言
呼吸
聲音
三次
咦！竟然有這種方法？
雖然最後說話還是很重要，
不過只要從自己能執行的部分開始就可以囉。
好！

利用非口語的訊息讓對方放鬆

武本，對妳來說，什麼樣的人是好的組長？
嗯……
很容易攀談，能夠安心商量事情，就是可信賴的對象……吧。
可是，現在的我距離被信賴還好遠……
該怎麼做才能讓對方覺得我值得信賴？
啊～～
要獲得信賴，每天的累積是很重要的喔。
說的也是……但是我不知道究竟該做什麼才好。

有件事在一天的開始一定會做吧？
一……一天的開始嗎？
打招呼啊！
什麼？
打招呼……不就只是「早安」、「你好」之類的嗎？
早安
重要的不是台詞的長度或內容。
關鍵就在於
不用言語就能帶來安心感！

例如……
穩定的表情或聲音
充滿活力的笑臉
用溫和的速度的說話方式和舉止動作
看著對方的眼睛微笑
原來是話語以外的表現！
的確，如果覺得對方是很和藹的人，自己也就會面帶笑容跟對方打招呼呢。
沒錯！重點就在這裡！
要是硬梆梆地非常緊張，對方應該也會很不自在，
……
要是高壓對待，成員又會封閉內心。

聰明地使用非語言，先主動讓對方放鬆吧。
每天「看著對方的眼睛，笑咪咪地打招呼」，
光是這樣也能傳達「我是能讓人安心，值得信賴的人物」。
原來是這樣！
畢竟成員也跟妳一樣，會感到不安啊。
將對方從不安中解放，對方應該就能慢慢敞開心房囉。
先來練習微笑。

暗示的訣竅

不要面無表情，要面帶笑容

光是打招呼，就能讓人的心情瞬間溫柔起來

透過非口語（不用語言）所傳遞的訊息，或許是因為能直接對身體帶來影響的關係，因此往往具有超越話語的共感力。

你是否有過這種經驗，不知道為什麼，有些人即使是第一次見面，就會讓人覺得，他應該是個很好相處的人，會讓人主動很想聆聽他的意見。但這種人實際上未必都屬於能言善道或口才絕佳的類型。

相反的，他們不會強硬地說服對方、強迫對方，而是很擅長用非語言帶給旁人「安心感」。

即使只是打個招呼，也能讓人的心情瞬間溫柔下來。

放鬆的氣氛、表情，穩定的聲調、舉止等，都會從全身散發出來，影響他人，使人感覺良好。溫和的氣氛由對方慢慢地傳達過來時，也會讓我們跟著一起露出微笑，點頭示意。

這種時候，人並不是被「你好」、「早安」等台詞打動，而是身體自然而然地呼應了對方醞釀出的安心感。

如果想掌握人心，就要巧妙活用非語言行為，先主動讓對方放鬆。因為從不安的狀態解放後，對方就會卸下心防。

遇到人的時候，就先看著對方的眼睛，笑咪咪地打招呼吧。這樣就能讓現場的氣氛突然明亮起來。光是讓笑臉充滿活力，發出有精神的快活聲音，人們就會覺得「真開朗呢」、「應該能對這個人有好感」。

如此單純的動作之中，也能包含「我是值得信賴的人物」的訊息。這麼一來，對方就會莫名地平靜下來。只要避免刺激對方的防衛本能，自然就能得到打開對方心房的鑰匙。

迷你鐵則

——在會面之前，自己的心也要先放鬆。

光是配合呼吸就能增加一體感

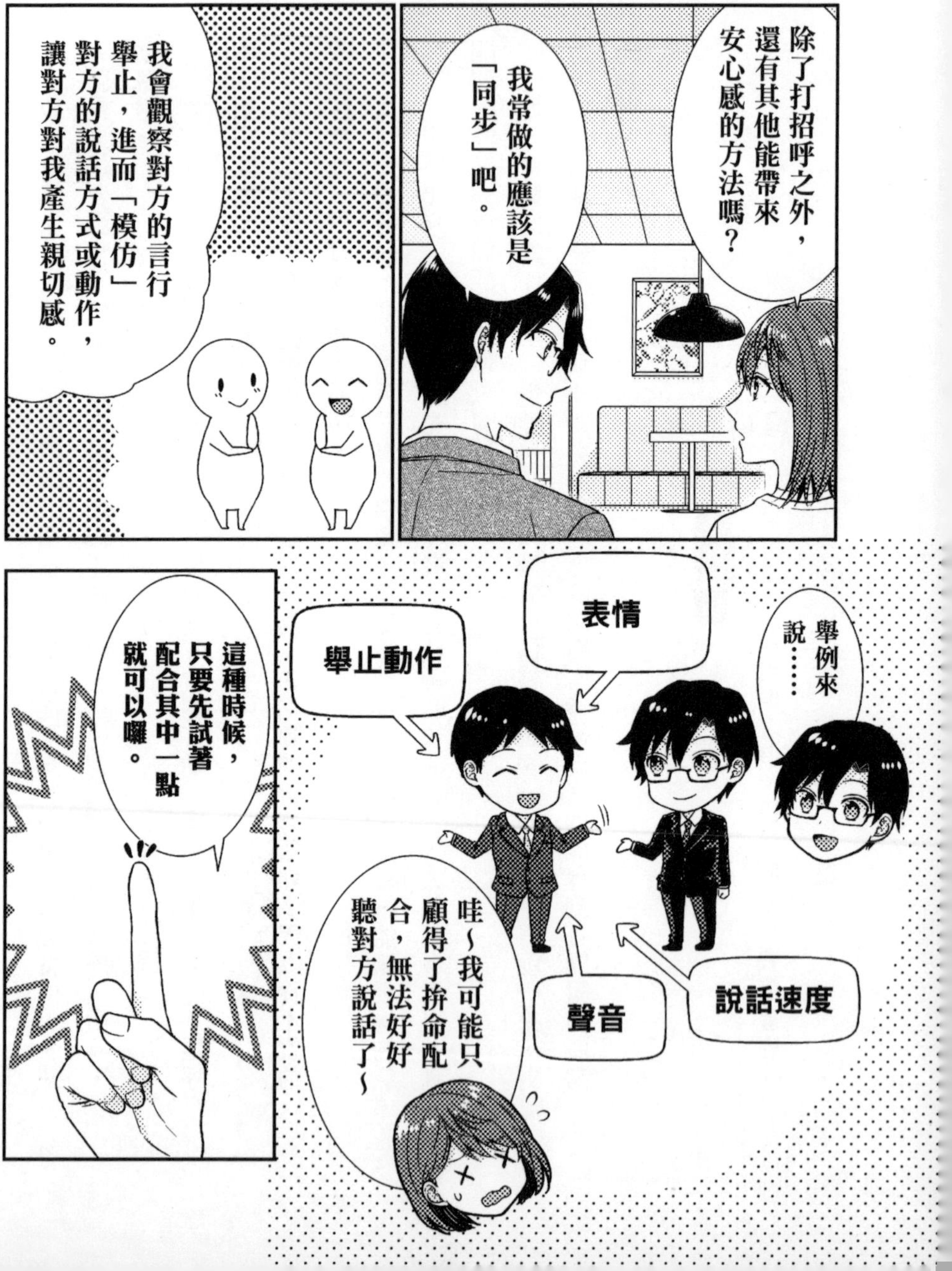

那就是呼吸！
放鬆
呼～
焦躁　不安
吸—
呼—
吸—
因為心理狀態最容易表現在呼吸上。
肩膀稍微提高
吸氣
放下
吐氣
配合呼吸的時候，只要看著對方的肩膀上下就很好懂了。
配合身體的節奏能讓說話速度和表情都跟著搭上，因此對方也會覺得說起話來更容易。
好～！
如果只是呼吸的話，我應該也辦得到！

暗示的訣竅

看對方的「肩膀」後開啟對話

對方的呼吸狀態一目了然

和人初次見面的時候，我們會不自覺地繃緊肩膀。

這種時候，最推薦的方法就是「同步」。這是觀察對方的身體動作、手的動作，接著自己也像照鏡子一般配合對方的節奏。

雖然不是什麼大不了的舉止，不過只要掌握關鍵，就會像「麻醉」一般慢慢出現效果。不久之後，對方會開始無意識地感受到舒服的「一體感」，雖然素昧平生的陌生人卻能產生彷彿舊識般熟稔的錯覺。

一般來說，進行同步時，最好能配合得當的表情、身體動作、手的動作、呼吸的方法、聲音的音調、速度等。然而，若不是專業心理諮詢師，應該無法做到這麼徹底，反而會分心，落得連對方的話都沒辦法好好聽的下場。

因此，我建議大家將「焦點」放在一點上。

那就是最能表現出人的心理狀態的——「呼吸」。

在深層的放鬆狀態時，人會自然地緩慢呼吸。相反的，在焦急或擔心的時候，呼吸就會變得淺而匆促。

只要看著對方的肩膀附近，就能對他的呼吸狀態一目了然。吸氣的時候肩膀提高，吐氣的時候肩膀下降。對方是用多快的速度、以多長的間隔呼吸？大家該做的就是悄悄模仿這一點。

在配合對方的呼吸之間，「身體的節奏」就會漸漸吻合起來。自然而然地，說話的快慢和速度、表情等也會越來越貼近，對方也會產生和諧的感覺。感受到無以言喻的舒適感後，就會覺得說點真心話也無妨了。

迷你鐵則

——只要配合呼吸，說話的節奏也會越來越合拍。

讓好感度增加120%的「共感訊號」和「善意答腔」

嗯嗯
相樂前輩，好擅於傾聽喔……
啊！
前輩！有能獲得別人信賴的聽話方式嗎？
哇！
啊——
對對對不起，因為我覺得前輩很擅於傾聽，讓人感到很放鬆，所以應該很受信賴！
嚇死我了
武本，妳發現了一個不錯的重點喔。

人會看對方聆聽的態度，判斷對方產生多少共鳴、是否值得信賴。
小聲反應
喔～……
表情沒有變化
好像對我的話沒什麼興趣真難繼續說下去
人對身體傳遞的訊息很敏感吧。
沒錯！
若在這裡留下「負面暗示」印象之後的對話就會變得非常棘手～
一旦下了判斷，之後要再改觀，就相當困難了！
哇～！
反正這個人也不想聽我說話……
別擔心！只要確實展現出「共感訊號」就行了！
共感訊號？

就好像妳是搞笑藝人表情誇張一點，聲音開朗一點！
展現出「我有在聽你說話喔！」的態度。
微笑的時候，嘴角要再上揚一公分，眼角下垂五公釐！
聲音和表情都做到自己覺得太誇張的程度，才能恰到好處地傳達給對方喔。
差不多像這樣嗎?!
要忍住笑……
對、對呀。

說到聊天，跟懂得怎麼答腔的人說話，話題就會聊得很開吧。
對呀！不知道為什麼，不知不覺能很舒服地說話！
美國某所大學曾進行實驗，測試回話方式是否會影響好感度。
其實說話的對象是受僱實驗者，
特意對某個人漫不經心地答腔，
嗯……
huh…
很好！
good!
對其他人則持續做出善意的回應，聽對方說話。
結果一如預料，獲得善意回應的人也會因此釋出善意。
good!
這是因為答腔含有「暗示的意義」！

善意的答腔會讓對方抱持相同的感覺。
你這麼認真地聽我說話，
對我這麼友善，
對我的話這麼有共鳴！
沒錯沒錯！我也會有這種感覺！
武本，妳在疲勞或沒有多餘心力時，是不是會漫不經心地答腔？
喔，是喔。
啊……
啊啊啊啊～～我常常啊～
我好過分……
以後小心就好囉！
算了算了

答腔的時候，只要意識到是為了傳達這種感情就行了！
傳達共鳴
真不錯，你說話很有趣！
嗯嗯
多說一點，我想跟你變得更熟啦！
可是……說真的，有時候對方的話真的很無聊吧？
有有！
就算很無聊，我們還是要「肯定地答腔」讓對方更好說話。
這麼一來，對方就會放心，說出真心話了。
原來如此……
畢竟對方都跟我說話了嘛……我以後會珍惜這樣的時間！

暗示的訣竅

試著再讓嘴角上揚一公分

說話的人會觀察聽話對象的表情

我們會在不知不覺依照對方「聽的態度」，來決定如何面對這個人，以及與對方的相處模式。不管對方是否「真的」有理解我們說話的內容，我們往往還是會對一邊點頭且聽到最後的人較有好感。逕自認為對方有確實把我們所說的話聽進去，認為：「這個人真的很了解我。」

這是因為，人與人會在無意間，從對方的言行舉止確認彼此的「共鳴程度」。

你平常都用什麼樣的方式來與他人進行問答呢？

有沒有遭遇過明明深有同感，卻因為用小聲的「對呀」來回答，或是因為沒有什麼表情變化，而被對方誤解過的經驗呢？

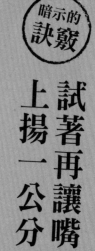

為了掌握人的心情，請試著做出連自己都覺得有點誇張的表情變化。即使稍微誇張些，但看在說話的人的眼裡也絲毫不會覺得不自然。

笑的時候，再讓嘴角多上揚一公分，眼角微微下垂五公釐左右，這樣的表情任誰看起來都會覺得緩和許多。

聲音也一樣。如果對方興奮起來，我們就要像孩子打開禮物的時候一般，用明亮的聲音回應。這麼一來，對方的情緒也會更興奮。

漫不經心的「答腔」還不如不答腔

為了展現共鳴，不可或缺的就是答腔。

答腔是你「有多認真聽對方說話」、「有多喜歡對方」、「與對方有多少共鳴」等的指標。

聰明的答腔會傳達出「哇~你說話好有趣喔，再多說一點給我聽！」的訊號。另一方面，不好的答腔，像是：「喔」、「嗯」、「嗯哼」、「是喔」則會傳達出你漫不經心，不想繼續回應的訊號。

對方單憑眼睛就能清楚看見，你答腔時的真實感受（無聊或厭惡），若無法讓對方覺得你很有共鳴的話，無論是誰與你對談都不會感到愉快。

對話的時候，要肯定地答腔。用心、點頭、時而發表簡短的感想。當然，若是露出滿面笑容答腔，將會更有效。

迷你鐵則

——確認自己的答腔會不會太冷淡。

重點 POINT

小心！這種錯誤的表情、舉止

會不小心在不知不覺之間表現出來的，就是「習慣」。下面列舉的是會讓對方不愉快的習慣。

確認不討喜的口頭禪

- ☐ 回答的時候用「嗯」、「嗯哼」回話
- ☐ 吊兒郎當地拉長語尾「對呀～」、「喔～」
- ☐ 說話的時候常用「然後呢」、「你知道吧」、「你懂吧」
- ☐ 答腔的時候說了超過3次「是喔」
- ☐ 在說話的途中問「為什麼？」、「怎麼會？」打斷對方

確認惹人不快的態度

- ☐ 說話的時候用手摀著嘴巴
- ☐ 常摸頭髮
- ☐ 雙手抱胸說話
- ☐ 下巴抬高30度左右說話
- ☐ 說話時身體晃來晃去，眼神跟對方也沒有交集

如果有符合以上的習慣，建議大家趕快改過來。非語言所帶來的影響大得難以想像，消除容易引起對方不愉快的行動模式，好感度也會自然提高。

讓暗示效果倍增的時機是什麼？

淅瀝淅瀝——
今天雨下好大喔。
主管一大早就心情不好，所以我決定把要拜託他的事延到明天再說～
發生什麼事了
真是辛苦妳了，不過妳的判斷很棒喔。

若希望別人愉悅地接受妳拜託的事，
一定要選擇在「對方喜形於色的時候」。
原來如此！
請問～
心情好的時候，就會游刃有餘，所以多少能聆聽他人的請求。
例如吃了美食♫之後。

如果可以的話，最好自己也跟對方一樣，處在心情好的狀態！
自己也要？
沒有餘裕的時候，說話和態度都會不知不覺中帶刺。
怎麼感覺很討厭……
這種時候，就要盡量避免和對方說話，才會比較保險。
意思就是說……
掌握對方和自己的心理狀態，就是提升暗示效果的訣竅……？
沒錯！
煩躁
好睏
很趕
好累
很高興
很穩定
很有精神
原來如此～想要改變自己心情的時候，我都會選擇來這裡喘口氣！
我以前也常來這裡呢。

暗示的訣竅

看準對方喜形於色的時候

「心理狀態」會左右暗示效果

要跟人討論事情的時候，最好先仔細判斷「現在對方處於什麼狀態？」再決定要不要開口。

如果對方的心情好像很不錯，就會認真聽你說話；如果對方在生氣，就留到合適的時機點再說——這是自明之理。

舉例來說，雖然只是單純想請假，卻因為主管出門後被鳥屎滴到，或上班途中被誤認為電車癡漢，或下樓梯時不小心絆倒跌個狗吃屎……一大早進公司就火冒三丈，當你在他心情極差的狀態下詢問：「我下星期能不能休年假？」也只會討來一陣怒罵後不了了之，不管你提出的要求多麼合情合理，仍然很可能會引起對方的不滿。

這是因為生氣的對象滿腦子都是自己的情緒，心中沒有餘裕去聽別人說話。

暗示人的絕佳時機，就是在對方喜形於色的狀態。

剛獲得獎金、用划算的價格買到想買的東西，或是在連假前心情十分放鬆等，對方越是處於愉快狀態時，越容易輕鬆接受你的說法。

如果主管正呈現這種狀態，當你提出「請准我休年假」這類請求，主管應該也會溫柔地說：「好好休息喔！畢竟休息也很重要嘛。」

在暗示的時候，確實掌握狀況是絕對必要的。

不只對方，也要注意自己的心理狀態

不只有對方的狀態，我們也要清楚了解自己的狀態。

舉例來說，假設你為了工作忙得暈頭轉向，煩躁不堪，神經總是繃得超緊。如果在這種狀態下跟別人說話，恐怕你的話語會時時帶刺，或總是對人冷嘲熱諷，最終甚至會與對方起不必要的口角。

因此，在自己忙碌、想睡覺、疲憊的時候，最好不要跟人接觸。

加拿大主教大學（Bishop's University）的史蒂夫哈維（Stephen Harvey）博士就曾以一〇七位商務人士為對象，調查了他們會在什麼時候發生人際關係上的衝突。

這個調查的目的，就是為了了解起口角、粗暴待人、抱怨、遷怒別人等這類狀況，會在什麼時候形成，甚至是導致發生的機率提高。

調查結果發現，**工作的勤務時間越長，也就是工作越忙碌，人際關係的衝突就會越頻繁地發生。可見我們在疲勞的時候，會在連自己都無法察覺的情況下神經緊繃。**

如果你很忙，最好盡量避免跟人說話，因為不小心的發言有可能讓你和對方吵起來。要找對方說話時，就盡量算準自己很高興，對方也喜形於色的時機吧。

忙碌的時候，心中不再游刃有餘，這種時候是不會聽別人說話的。不管在哪家公司都一樣，如果遇到結算期等繁忙時期，最好避免拜託別人做事。

迷你鐵則

——看準發揮暗示效果的時機。

暗示時至少要重複「三次」

新人犯的錯誤雖然很多……但其實我覺得他只要冷靜下來就能達成任務。
幫他善後得好累～
辛苦了
妳有告訴他本人嗎？
之前曾說過一次，但是好像沒什麼效果。
武本，靠著妳的誠實和領導能力，一定能順利引導對方的。
沒有沒有，我才沒有那種力量。
妳看，就像妳現在這樣。
我剛才稱讚了妳，妳卻覺得自己不值得稱讚吧？
畢竟被你突然這麼一說，我覺得不能當真呀。

如果想將樂觀的暗示傳達至對方心中，
至少要重複「三次」想說的話。
○○小姐，妳工作好快喔！
逮到機會就這麼說。
已經做好了喔？好快喔！
妳竟然這麼快就做好了，好厲害喔！
原來要重複說這麼多次！

打個比方說，這就像是為了傳達話語的認真度，
告白了好幾次一樣吧。
我喜歡妳
真的嗎～？
我喜歡妳
什麼～？
我超喜歡妳
原來他是認真的……
我也想被人說說看～
被說好幾次之後，就會打從心底覺得對方真的這麼認為了呢。
說到「三次」，在美國有件有趣的事喔。
某所大學曾做了一個實驗，讓學生看了五分鐘的影像後，
有狗呢
狗叫了呢
告訴學生影像中沒有的假資訊，混淆學生的記憶。

一星期後，確認了學生們對影像的記憶，
發現聽了三次假資訊的學生，非常容易將真假訊息混淆
其混淆程度比只聽一次的人多了六倍以上。
哇——！
雖然只是小事，但絕不能小看！
重複三次，不斷暗示吧！
好！

暗示的訣竅

不在第一次就放棄是很重要的

如果是正面的話語，就不斷烙印在對方心中吧

想暗示別人的時候，至少要重複同樣的話三次。如果只說一次「你會成長的！」對方通常還是會半信半疑。

假設你是主管，想要拓展屬下的才能的話，只說一次「你會成長！」往往不會有什麼太大的效果。

若想讓暗示發揮更大的效用，就必須重複同樣的話至少三次。

「你的才能只是還沒充分發揮而已。」

「你的潛在能力無窮，接下來會不斷成長喔。」

「我幾乎可以清楚看見你成長的模樣。」

至少非說到這種程度不可。

誤以為是「絕對的事實」

如果你有喜歡的異性，即使向對方說了一次「我愛你」，對方只會用「你不要逗我啦」來一笑置之。不管你的話語中含有多少心思，只說一次都是不夠的。

然而，如果重複三次呢？

這種時候，就像之後慢慢發揮後勁的冷酒、後來才感到疼痛的重擊一般，對方會將你的話信以為真。

因為對方會心想：「你都說了三次，應該是真的吧？」

美國俄亥俄州肯特州立大學的瑪麗亞薩拉戈薩（Maria Zaragoza）做了一個非常有趣的實驗。

她先讓二百五十五名大學生看了五分鐘的強盜影片，接著透過暗示，將影片中完全沒出現的事情，植入這群學生的記憶之中。

舉例來說，實際上犯人沒有戴手套，她卻提到「那個戴了手套的犯人……」，明明影片中沒有狗，卻說「有隻狗在叫……」利用暗示話術植入假的記憶。

薩拉戈薩還調查了只暗示一次和暗示三次的情況，並在一週後確認他們的記憶混淆程度。

結果發現，重複暗示三次後，學生的記憶混淆程度會強出六倍。

「那個戴了手套的犯人……」

「犯人戴著手套……」

「我想犯人為了不留下指紋而戴了手套……」

諸如此類。

被暗示三次之後，我們會把暗示內容視為絕對的事實。不管是多虛假的暗示，只要嘗試三次，就會成功。畢竟暗示三次之後，對方也會覺得你的話是真的。

迷你鐵則

——只要重複告訴對方，不管是否為事實，都會留在對方的記憶中。

任何人都渴望「親切」

前輩，你有為了讓自己的意見更容易被接納，而做過什麼嘗試嗎？
還是只有努力「獲得信賴」吧。
讓曾經一起工作的人獲得安心感，結果就能提升信任度。
安心
所以，我會先增加雙方一起合作工作的機會。
嗯嗯

然後工作時絕對不能偷懶。
好好聽對方說話，
喔～
哇～
盡量和對方面對面溝通，
面對對方的時候總是要面帶笑容！
還有……
上述都是理想！
能全部做到是最好，不過若是接觸機會較少的對象，就很難做到這個地步了～
但還是希望能想辦法獲得對方信賴！
這個時候……

只要親切就夠了！
Kindness
親切？
親切是指在工作上幫忙對方嗎？
那會有點辛苦呢……
不是不是！
小小的親切就夠了！
小小的！
正因為是小小的溫柔，對方才會開心，也會留在心中。

比方說，
幫忙撿散落在地上的文件
外出工作時順便幫別人把想寄的郵件投進郵筒裡
我出發囉～
只有這樣!?
雖然每個人都希望別人能親切對待自己，
但是實際上親切的人卻壓倒性地少。
正因為這樣，就算只是稍微親切一點點……
也會很醒目！
對比效應！
在對方好像有困難的時候，鼓起勇氣問問對方——
就從這裡開始吧！
我知道了！我試試看♪

暗示的訣竅

幫助有困難的人一些小忙

在獨善其身的人居多的社會上，親切的人很醒目

不用我說，受人信賴是非常重要的。為了獲得他人的信賴，實踐方法就是適當地給予對方某些幫助。

「Give and take」是相互遷就、有商有量，彼此平等互惠交往的意思。從長遠的角度來看，這種互助關係，並不會使其中一方單方面吃虧。

常言道：「與人為善」，但是在現實之中，真的能親切對待他人的人卻壓倒性地少。正因為如此，你只要稍微對其他人親和一點，對方就會覺得：「哇，這個人好友善喔。」

根據辛辛那提大學的史蒂芬史帕克博士研究，人們似乎很容易對於「想從他人身

上獲得幫助，卻沒人願意親切地提供協助」一事而感到不滿。

在史帕克博士的研究中發現，對工作滿意的人僅佔五九%，剩餘的人在工作時都有著「為什麼沒有人能多幫我一點？」的不滿。

當獨善其身的人居多時，只要你願意親切待人、適時地提供他人協助，那麼你將會變得比他人更加醒目。就跟在一群滿臉怒容的團體照之中，只要有一個人微笑，這個人就會特別亮麗一樣。這就叫做對比效應。

就算只是一點點體貼，對方也會覺得很感激

我並不是叫大家「施以極大的親切」，「一點點」也無妨。

看到文件不小心散落到地上的人，就一起幫他撿；準備要外出工作時，若是順路就順手幫忙把別人要寄的郵件一起拿去寄，這種小小的親切也完全沒關係。

或許大家會覺得：「只要這樣就夠了？」不過光是這樣，就能讓你的價值暴增，獲得信賴了。

畢竟幾乎所有人都渴望受到別人的親切對待。

無償地親切待人之後，利益也會回饋到你身上。

覺得你對自己有恩的人，在你有什麼要求時，大多也會善意地回答：「好！」只要展現一點點親切，就能得到信賴，沒有什麼能比這更棒了。

我曾從施予一點點親切的人那裡獲贈禮物和葡萄酒。原先我只是幫對方做了一件無足輕重的小事，真的沒想到對方會回禮。然而對他來說，親切對待他的我，就像是幫他一個大忙一樣。

在親切的人逐漸減少的現代社會，適當地對他人施予善意，就是個表現自己親和力的好機會。正因為沒人做，才有引人注目的機會。不斷親切待人吧。無以數計的大量利益絕對會回饋到大家身上，所以面帶笑容，親切待人吧。

迷你鐵則

——受到他人的親切對待，就會想要回報。

[第二章]

×

不起衝突就讓自己的意見通過的「嚴選技巧」

——消除消極的情緒，誘導結論的暗示

休息室
哎唷～
到處跑來跑去，感覺腳跟都快脫落了～
好難走～
辛苦了！看起來工作很忙的樣子呢～
妳現在負責的工作是什麼呢？
「活化商店街」企劃中的一個項目，希望邀請所有商店串聯，一起進行活動。
大規模串聯活動
櫻花商店街
馬上就要向商店發表企劃案了，我也想統整一下各方面的意見……

但是有些成員的心情總是很沮喪，
有些成員則是不願表達自己的看法。
另一方面，主管又固執己見，根本什麼都聽不進去……
放過我吧～
砰砰
原來如此。
有一種暗示在這種情況下很有效喔！
太好了～快告訴我～！
你是大神！
不用拜我啦！

積極說話，容易獲得「贊同」

有一些組員是很努力，但……
今天下雨，好討厭喔。
用這個方法的話，十個人當中應該有三個人會覺得不滿吧。
還是放棄這個方案好了……
雖然他說的都沒錯，但是這種講法卻很難讓別人接受……
啊～那也就難怪了。
畢竟妳看，他總是用消極的說話方式吧？
今天下雨，好討厭喔。
用這個方法的話，十個人當中應該有三個人會覺得不滿吧。
還是放棄這個方案好了。
真的耶
難怪了……？

消極
積極
兩者雖然都是自然的情緒，
但消極的表現或情緒會使人覺得疲憊。
消極
讓氣氛在不知不覺間變得很沉重。
與人溝通時，用積極的說話方式比較能獲得好感。
結果也就更容易被人接受。
用這種方法的話，十個人當中應該會有七個人覺得可行……
我覺得這個方案比之前那個好。
只要養成積極說話的習慣，別人就會對你有「這個人很積極」的好印象。
真是一石二鳥呢！
我來試試看！

暗示的訣竅

避免用消極的方式說話

誘發爭吵的告示牌

之前，我去公園散步時，一塊告示牌讓我忍不住停下了腳步。

上面寫著：「禁止生火，不准亂丟垃圾！」

換做平時的話，我一定不會在意，對於這樣的內容也會一瞥而過。但仔細想想，這真是一句盛氣凌人的抱怨，彷彿正在侮辱每一位前來公園的人。

進一步仔細思考其原因之後，我想應該是「不准」這個表現方式讓人感到不悅。

明明已經是成年人了，卻被用教育孩子似的語氣喝斥，一定會令人覺得不愉快。

彷彿是在說——高高在上的我建造了一座如此值得感恩的公園，你們這些庶民應該心存感激才是。

如果是由我來做這個告示牌的話，我會選擇更加積極的傳達方式。比如：「請盡情享受綠色的草地，一起守護自然」、「請盡情感受自然的草木，一起愛護環境」。讀到這樣的告示牌自然會心情和睦，也會自然而然地產生「不可以弄髒公園的環境」的心情了。

說穿了，還是要站在公園遊客的角度思考才行。

若要描繪，就描繪一個明媚的未來

我覺得天氣預報的傳達方式也不正確。一般的天氣預報都是以預測下雨為前提，而不是天晴。

為什麼要預測消極的事物呢？想想真是覺得不可思議。

為什麼要說「降雨機率二〇％」，而不是說「放晴機率八〇％」呢？如果這麼陳述的話，不就能更加積極地表達了嗎？也能接收到訊息的大家心情更好，真想聽聽看這樣的天氣預報呢。

將考卷歸還給需要補考的學生們時，那些無情地說著「不及格，要補考」的老師們，相較下往往也比較不會受到歡迎——這是因為他們只選擇說消極的一面。

相反地，若老師這樣鼓勵：「之前答錯三十題，這次只錯了三題呢」一定令學生聽起來更舒服。

請記住這個法則：任何事物都有積極跟消極的一面，向人傳達積極的一面，則更能獲得好感。

請注意，這雖然是個極其普通的原則，但是卻會被我們在不知不覺間遺忘。

消極的情緒使人疲憊

順便一提，**與人對話時切記遵守「不附帶負面情緒」這個原則**。

舉例來說，「今天真是悶熱呢」這種說法還尚可接受，但「今天悶熱得讓人心煩呢」就不太妥當了。經你這麼一說，對方也會意識到今天的濕度很高，便會加倍感到熱得難受了。

當你要陳述某件事情的時候，請盡量說積極的一面，這樣你自己也會被周遭人們認為是一個個性積極的人。

印度大學的某位學者曾經做了一個研究，針對積極說話的人和消極說話的人進行比較，看他們受喜愛程度有多大差別。

研究者將眾人分成四至六人的小組，相互討論新的電腦產品。女性工作人員在一個場合中說：「這台電腦真是太好用了，完全沒有問題。」並在另一個場合說：「這台電腦完全不好用，問題超多。」藉此調查其他組員對這位女性的好感度差別。

結果顯示，發言消極的那位女性，明顯讓其他人覺得她難以接近。

你是否也常不小心說出消極的言論呢？如果老是做出這樣的發言，大家自然會覺得你難以親近，久而久之也會跟你保持距離，希望大家能多多注意。

迷你鐵則

——學會用不讓人覺得疲憊的方式說話。

鼓勵垂頭喪氣的人的訣竅

久等了！我剛補救了一些錯誤，花了不少時間。
喔
沒關係，我也是剛剛才來。
唉～那個失誤的同事真的相當沮喪。
就算其他人都鼓勵他，叫他不要在意了～
……他們鼓勵的方法是什麼？
好像是……
不要在意啦！下次再加油！
只要絕對不要忘記這次的錯誤就行啦。

聽完這些，那位犯錯的同事不會更沮喪嗎？
咦？
喔？
有啊。
因為造成大家的困擾，讓他大受打擊，所以無法忘記錯誤，轉換成「好，來做下一個工作吧！」的心情。
雖說有責任感是好事……
原來如此……
嗯……
是啊，簡單來說，就是讓對方
「放輕鬆！」
Relax!
武本，妳認為鼓勵的目的是什麼？
目的……讓對方不要過分喪氣嗎？
我從沒想過。
?

有一個有趣的記憶力實驗數據。
在進行記憶單字的實驗之際，試著向受實驗者說２個版本的話之後，
「忘記了也沒關係喔。」
「一定要好好背下來！」
結果顯示，說「忘記了也沒關係」的那組背了更多單字。
記憶的比例（%）
66
60
58
64.8%
60.6%
忘記了也沒關係
要好好背下來
壓力會誘發失敗，
壓力
撲通撲通撲通……

鼓勵喪氣的人，
不可能一開始就很順利啦！
經歷失敗是好事！
失敗了也沒關係啦！
要叮嚀對方「失敗了也沒關係」，讓對方放輕鬆！
想為對方加油的心情也是可以理解，但還是要避免這種會成為壓力的鼓勵。
我好像都會想要這麼說！要小心～！
下次再補救就好了！
沒關係！
重要的是讓對方放輕鬆！
好！

暗示的訣竅

不可以說「下次再加油！」

壓力會導致過失

當屬下犯錯的時候，會有主管鼓勵說：「這次就算了。不過下次要努力，以後不再犯就好了！」這是經常會聽到的台詞。但這種強烈的激勵，往往會造成屬下繼續犯同樣的錯誤。

為什麼聽到：「不可以再犯錯！」卻還是會繼續發生過失？因為我們都是普通人。這種情況下，「失敗了也沒什麼」才是最好的鼓勵。這麼一來，屬下就能放下肩上的重擔，輕鬆地工作了。

不能期待每個人都是完美的，因為一般而言在應對初次接觸的事物時，失敗的次數往往會比成功的次數多很多。

紐約德門學院（Daemen College）的心理學家辛巴洛（R. Cimbalo）就曾經做了這麼一個簡單的實驗，「讓大學生們記住六十個單字」。

辛巴洛對一半的學生說「忘記了也沒關係」，並暗示這只是一個實驗而已，不用那麼認真。

對另一半的學生們則施壓「一定要好好牢記」。結果如何呢？

「忘記了也沒關係」的那組學生們反而更牢牢地記住了單字。

「忘記了也沒關係」這種反效果的話，反而增加了記憶單字的效果。

只要參考這個實驗的數據就能了解：在鼓勵沮喪的屬下時，用「下次要認真！」、「下次再努力！」這類的台詞是如何不妥當了。

如此對屬下施壓的話，就會導致再次失敗。鼓勵處於沮喪狀態的屬下時，應該這麼說：就算失敗一百次也沒關係！這麼暗示就能讓人放輕鬆了。

或者，若想讓屬下理解一件事時，不要說：「從現在開始，我說的話你一定要好好記住！」而要試著說：「忘記了也無妨。」這麼一來，屬下反而會更清楚地記住你說的事情。

迷你鐵則

——在放輕鬆的狀態下更容易發揮實力。

重點 POINT

讚美的時候，「曖昧」才能發揮功效

各位讀者在學校或者職場中，一定有那麼一、二次，曾有人勸你「要直言不諱」、「要說清楚、講明白」。

然而，有時候曖昧的傳達方式，反而更能讓彼此的溝通進行得更順利。

布雷赫爾博士（E. Brecher）的實驗中也確認了這個觀點。布雷赫爾博士並沒有直接向行銷負責人表示：「這個廣告一定會奏效，所以應該增加更多廣告費用」，而是說：**「廣告有奏效的時候也有不奏效的時候，我們是無法做出確切判斷的。不過，如果廣告奏效，就能獲得大量收益。但也有可能會造成廣告費用的浪費。」**

如上面所述，這種不知道到底想說些什麼，不明不白的表達方式，卻讓行銷負責人投入了更多的廣告費用。

這同時也是讚美他人的時候可以使用的技巧。

「跟〇〇一起工作的時候，該怎麼說呢？真是無法用言語表達。嗯～總之，真的很不錯……」

如此委婉且欲言又止的方法，更具有真實感，對方也一定會感受到你說的優點。

解除負面暗示，讓心情變輕鬆

我沒辦法勝任，能不能找別人來代替我做？
可是我覺得你做比較好耶～
休息室
有組員對我這麼說……
是不是害怕失敗啊？
是啊，也害怕負責吧？
其實，我也是～
我也是！
哈哈哈哈哈
對吧～

說不定他在心裡對自己做了某種「負面暗示」呢。
負面暗示？
在自我評價比較低，沒有自信的時候，
我這種人怎麼可能做得好……
一定會在什麼地方失敗……
要是造成別人的困擾怎麼辦？
這些對自己的負面話語，會使自己無法邁步向前，
這就是負面暗示。
應該每個人都曾這麼想過吧……？
對呀。只不過，有種情緒一旦不存在，就無法順利進行。那就是……
自我肯定感！

Yes! I Can!
只要有一點點「我做得到」的想法就可以了。
要在這個時候暗示嗎?!
沒錯！要給對方「你一定沒問題」的正面暗示！
舉例來說……
只要練習，你一定也做得到！
我覺得你只要做個幾次，就可以做到，試試看吧！
一試之後，才發現大多時候都會比原先想的更容易做到。
竟然做到了！
是的！令人意外的是還真的做得到。
TEST!
在美國曾進行了一個讓人們接受困難考試的實驗，也再次證明了這種暗示的效果。

同樣的題目也曾讓其他人回答，幾乎所有人都寫出了正確答案。
你們也能順利答對喔。
這樣告訴他們之後，還真的陸續出現答對的人！
這個考試很難，所以我覺得你們應該也答不出來。
反之亦然……
大家都答不出來了……
「自己也辦得到」的想法，會大幅影響行動的結果喔。
HOPE!
原來如此，要有希望！
我明天會試著用一些正面的暗示來鼓勵他們！

暗示的訣竅

傳達「任何人都做得到喔」

要對害怕失敗的人說什麼？

當你分配工作給屬下時，屬下用「我做不到，可以請您找別人來代替嗎？」拒絕了。其實這位屬下是在害怕自己失敗，也害怕在失敗之後，自己要承擔責任。

並不僅限於這個例子，**大部分行動躊躇不前的人，都會負面暗示「自己一定辦不到」。正因為如此，我們才要由解除負面暗示開始著手。**

解除的訣竅，就是暗示對方：「任何人都做得到喔。」

那些無法反轉上單槓的小學生，大多都是負面暗示自己辦不到，不過善於指導的老師，就會這樣告訴他們：

「只要經過訓練，任何人都可以走路、游泳吧？任何人經過練習，都可以學會寫字和九九乘法吧？反轉上單槓也是一樣的，只要練習，人人都做得到喔。」

善於指導的老師，可以將孩子們抱持的「自己做不到」的負面暗示，轉變成任何人都做得到的「正面暗示」。

只要有希望，就不會輕易放棄

亞利桑那州立大學（Arizona State University）的彼得森（Peterson, S.J.）對兩百多名大學生做了一個實驗，請他們將沒有規律的字母組成多個單字。

舉例來說，就是讓大學生看「T、H、O」三個字母，然後組成「HOT」這個單字。真實的實驗是要求學生，必須在沒有規律的字母中，想出十四個單字，因此對學生來說是相當難的問題。

不過，彼得森在實驗之前暗示學生：

「一樣的問題我也曾經請其他人回答，大部分的人都能順利找到正確答案喔。你們一定也能成功解答！」

結果實驗結果顯示，真的陸續出現回答正確的人。根據彼得森所言，**我們只要抱**

持著「自己也能做得到」的希望，實際做到的機率就大幅提高。對自己深信不疑，就能帶來如此大的影響。

彼得森還做了一個實驗，暗示學生：「我請其他人回答相同的問題後，幾乎所有的人都答不出來。我覺得你們應該也答不出來，不過總之還是試試看吧！」

然而，這個時候答不出來的人壓倒性地增加了。在這種「負面暗示」之後，我們似乎會喪失希望，變得真的做不到了。

若你正對某個目標猶豫不決時，我們首先應該做的，就是解除這種「負面暗示」。用「大家都做得到」、「你當然也做得到」來鼓勵自己，將「說不定我也做得到」的心情植入心中，那麼不知不覺我們也會主動採取行動了。

迷你鐵則

——自信跟希望，能引導出人的能力。

想要巧妙提出反對意見，就用「詢問形式」

相樂前輩，你都怎麼跟主管交談呢？
發生什麼事了嗎？
企劃部
怎麼樣？
我認為這次方案這麼分配是最合適的。
哇……
這絕對行不通。
那我會在後天的會議上宣布這個方案，再麻煩妳了！
事情就是這樣……
啊～我的胃……
絞痛～
看來主管好像不太好溝通呢。

本來要對主管說出相反意見就非常非常困難……
其實我也很難說出口喔。
咦？前輩也是嗎？
我也只是一名普通的公司員工啊。
但有個方法或許能對付那個主管喔。
精神一振
是嗎!?請告訴我！
Question!
就是問問題！
如果說出反對意見，對方會覺得自己受到否定，感到不愉快。
But…
可是！
改用詢問的方式，就是略微透露出：「我沒有打從心底贊成喔。」

比方說像這樣！
您說的我都理解了。這樣的話，我可以把這件事認知為〇〇嗎？
真是精彩的企劃呢！對了，人數××人就足夠了嗎？
那也很好呢！如果可以的話，能不能在時程安排上估計得寬裕一些呢？

像這樣表示理解、慰勞對方之後，再用詢問的方式夾雜自己的意見。
Good! + ?
原來如此！

最好能在簡短詢問後結束。
看情況
戳、戳
怎麼樣呢？
這個方法也行不通的時候，怎麼辦……？
那還是放棄，聽聽對方的說法比較好……
企劃部
我覺得這個方案很好！
意思就是考量人數的分配，在這裡使用三成預算嗎？
嗯……
撲通撲通……
對，那麼就按照妳說的分配吧！
太好了～

暗示的訣竅

要在接受意見後再提出問題

以成熟的態度聆聽

就算你有足夠的勇氣，要正面地反駁主管或客戶的意見也是很難的事。一想到自己的立場比對方低一等，實在很難提出異議。

好好說出自己的意見，可能確實是有必要的，但是若不能非常慎重地說出口，就會導致沒必要的誤解。

「那個點子真是了無新意耶。」
「那個想法的實踐可能性很低耶。」
「那種做法只有在十年前才行得通吧。」

要是能像這樣直言不諱的話，心情一定會很舒暢。

當然，在現實生活中，能如此直接開口反駁的人卻少之又少。只要不是「我才不在乎主管有多討厭自己」、「就算被這種公司開除也無所謂」這種抱持著破釜沉舟心情的人，要提出反對意見是很難的。

話雖如此，要說絕對不能反駁，倒也不見得。只要方法得當，任何事情一定都會有一、二條退路。

在巧妙提出反駁的方法之中，存在著用「詢問形式」來讓對方感覺到你不贊成的技巧。不明顯地提出反對，而是詢問對方。透過詢問，可以暗示對方：「我沒有打從心底贊成喔。」

「您說的我都了解了。對了，我可以問您二、三個問題嗎？」

「啊，請不要誤會，我不是反對啦。只是有幾個不太懂的地方，方便讓我再詢問一下嗎？」

利用這種「詢問」的形式，將自己的反對意見夾雜進去，就是重點。這樣的話，對方也難以察覺你的反對態度了。

透過假裝詢問「這個地方，這樣理解正確嗎」，來不經意地主張自己的見解，也是一種不錯的作戰方式。

如果詢問：「聽了您剛剛的說法，我的理解是這樣，不知道對不對？」

對方也不會那麼生氣了。

舉例來說，如果主管提議的企劃報價實在太隨便，還是用詢問的形式加以反駁比較安全，而不是去指摘主管的做法。

「我覺得企劃本身的內容太棒了！……對了，想請教您，在預算方面，這樣子分配就可以了對嗎？」

「這樣的人員配置足夠嗎？」

「在時程方面，再調整得寬裕一些，是不是更萬無一失呢？」

反對意見就到此為止。再繼續反對下去，如果對方不是能敞開心房暢所欲言的人，就很危險了。倘若大概知道對方的為人，說出自己的主張也無妨。

如果不太了解對方，就先試探詢問，要是對方還是不願意改變自己的想法，那就沒辦法了。你就放棄反對，聽對方的意見吧。

迷你鐵則

——透過巧妙地詢問，提出自己不贊成。

用「先看看情況吧？」來拒絕

部長，那不行啦……
我覺得這樣很好啊～
絕對行不通！
武本，交給妳的話，一定行得通！
怎麼可能～！
只要調用部署內的三、四個人就可以了吧。
……這個企劃就是這樣，妳就樂觀一點思考吧！
呃……好的……
休息室
每次面對主管這麼離譜的命令，
我都不知道在心中呼喊幾次了……你在說什麼啊！行不通啦！
我懂我懂～

妳沒有當場反駁，是很明智的判斷。
不然就會讓對方沒面子了。
反對
那也是，而且反駁會讓對方受到重擊。
因為光是反對，就會帶給對方這樣的暗示。
你錯了！
反對
討厭！
我才不想聽你發號施令！
我可完全沒這麼想啊!?
話雖如此，也不能什麼都不做吧？
得阻止一意孤行的主管啊……

這種時候，就用這句話來進行「拖延戰術」！
要不要再看看情況？
原來如此！聽起來不像是反駁呢。
用這樣的說法，對方也比較有餘裕接受。
我要記下來！
這個方法真是有效呢。要不要先把內容歸納一下，再做結論？
調查一下〇〇〇吧！
可是……就算當時拖延過關，之後就會沒事了嗎……？

到那個時候……
就再繼續提出拖延的方案！
目前情況一直在變化，再等等看說不定也是個好方法！
現在
竟然是這樣！
過了一段時間後，對方的心情也會隨之改變，比較容易收回一開始的主張。
8
2
1
鬆了一口氣……
仔細想想……
這個方法就是不否定對方的意見，把責任推到「時機」、「時期」上，讓對方再次考慮！
我試試看!!

暗示的訣竅

在贊同的同時，不說OK

不讓對方察覺自己是在反對的說話方式

任何人都不喜歡他人「頂撞」自己，好不容易說出了自己的想法，卻遭到面前的人反對，自然會不愉快。

反對的行為會暗示出「我討厭你」、「你真是個笨蛋」、「我才不想聽你說話」等訊息。你只不過是針對對方的「意見」提出反駁而已，對方卻會感到「自己的全部」都遭到否定。

如果想反對對方的主張，重點就在於委婉地反對。意思就是說，讓對方察覺不到你其實是在反駁，巧妙地「偽裝」自己的論點。

比方說，假設你的主管提出一個根本無法成功的企劃，或是業務擴張方案，你當然想反對。而在這種時候，用「再看看情況呢？」來拒絕就很方便了。這麼一來，主管也不會覺得你在反駁。

「原來如此，我百分百贊成您的想法。想再跟您確認，我的理解是要擴張業務對嗎？原來如此，您說得真對！嗯～**不過要不要再看看情況呢？**」

「原來如此，A公司是非常有潛力的合作對象呢。真不愧是部長！換成是我的話，一定會錯過這個商機！不過，**要不要先等一下**，再向A公司提出邀約呢？」

這麼說的話，主管就不會覺得你是在反駁了。畢竟你坦白表示同意對方的想法，只不過是提議「再看看情況吧」罷了。

不讓對方丟臉的說話方式

目前還不想做出任何判斷的時候，「拖延戰術」是非常有效的拒絕方式。

「再調查看看吧。」
「再等等看吧。」
「進一步討論後再下結論吧。」

比起直言反對，這麼說更能圓滑地留下情面給對方。在對方表達自己的想法時，能用毅然的態度反駁「我不這麼認為！」的人，應該對自己很有自信吧。在一般情況下，應該很難有這樣的勇氣。

我也沒有這種勇氣。就算很想直接拒絕——「沒有辦法」、「做不到」、「不可能」——如果對方是自己的主管，考量到未來種種，我就會閉上嘴巴。這是很自然的心理。

正因為如此，才不能直接拒絕，要採用拖延戰術，這樣會圓滑很多。拖延戰術就不會帶來否定對方人格似的負面印象了。

只要你說「再等一下吧」，大部分的人都會覺得「那就照你說的看看吧」。畢竟自己的主張並未被全盤否認，內心也會認為再看看情況也無妨。

若你直言反對的話，對方會在一氣之下堅持自己的意見，不過只要你裝出接受意見的樣子，對方也不會說出更離譜的話。

等過了一段時間之後，如果對方重提「差不多可以開始了吧？」，我們該怎麼辦呢？這個時候只要再次拖延即可。

在這段拖延的期間，對方的心情也會改變，收回一開始的發言。若情況許可，便可頑強地拖延到對方改變想法為止。

迷你鐵則

——把責任推到「時機」、「時期」上，先往後推遲。

[第三章]

×

讓意志力日益變強的「自我暗示」

──能獲得元氣的暗示

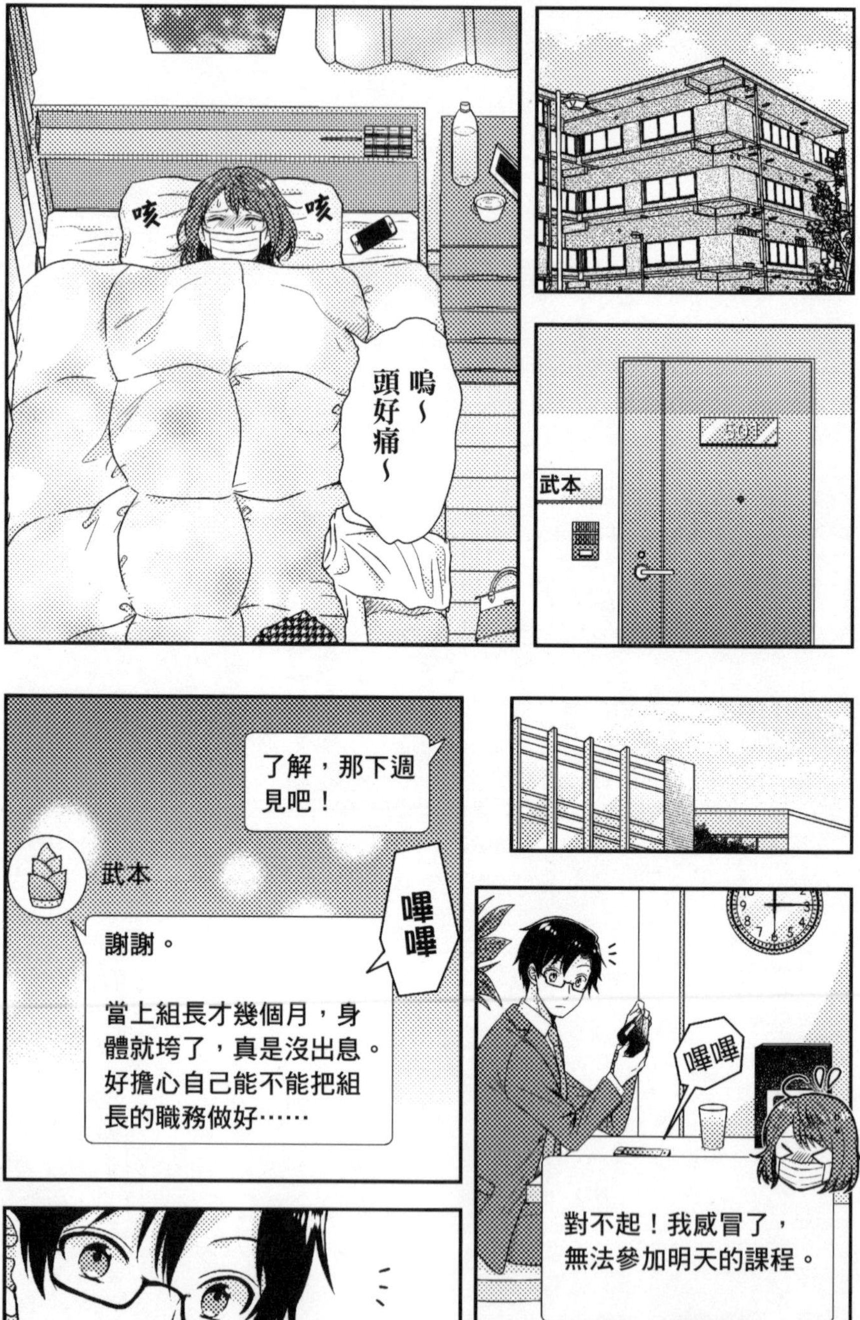
武本
咳
咳
嗚～頭好痛～
嗶嗶
對不起！我感冒了，無法參加明天的課程。
了解，那下週見吧！
嗶嗶
武本
謝謝。
當上組長才幾個月，身體就垮了，真是沒出息。好擔心自己能不能把組長的職務做好……

嗶嗶
因為妳用盡全力努力，會累積疲勞也是無可奈何的事。
祝妳早日康復！
人真好~~
相樂
那下週我們就來試試能獲得元氣的暗示吧！
「控制感」
「提升自我感覺」
「完成式的夢想」
有各種各樣的方法喔，敬請期待！
哇~究竟是怎樣的方法呢……？
咳
趕緊睡覺，快快好起來~！
晚安—

擁有「幸運」的控制感

身體垮了，才意識到連自己的心理健康都疏忽了。
實際感受到無力的自己了吧。
相樂前輩，你在工作中失去鬥志的時候，都是怎麼處理的？
啊～不行了～
我會用暗示提升自我感覺，讓自己不要氣餒喔。
提升自我感覺？
只要我拿出實力，就能解決！
明天只要這樣做，就能順利進行！
就是「一切都能如自己所願」的控制感。

要暗示自己，感覺好像很難……
對啊。
據說「接受自己」、「喜歡自己的人」，更容易做到自我暗示。
自己 LOVE
所以，要是覺得暗示自己很難，
可以先養成找出自己優點的習慣喔。
什麼都OK！
在睡覺前用一點點時間
在意自己的健康，均衡飲食！
不要太在意他人的想法～
每天為自己找到一點樂趣，快樂生活。
每天堅持這樣做，就會覺得自己也還不賴。

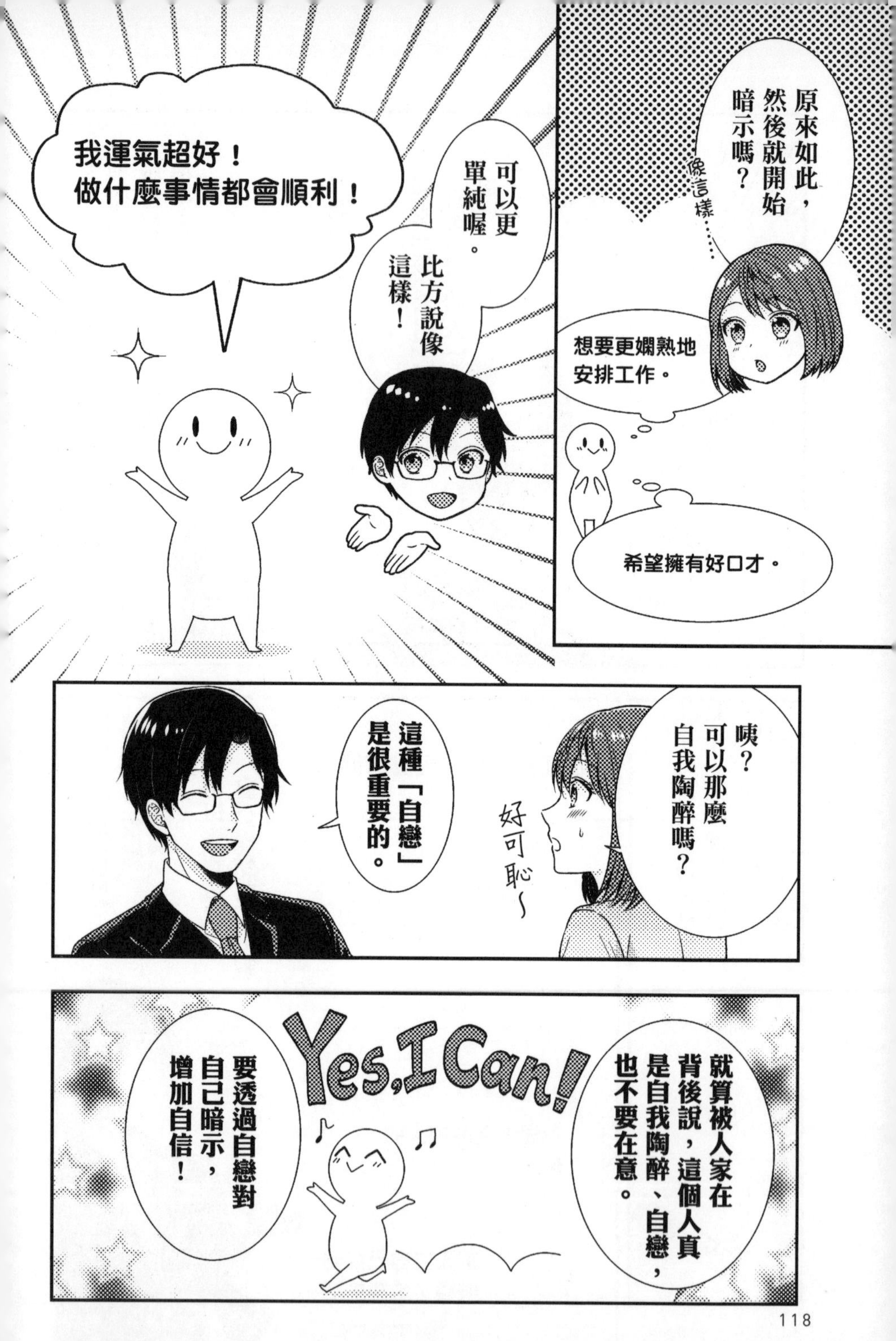
原來如此，然後就開始暗示嗎？
像這樣……
想要更嫻熟地安排工作。
希望擁有好口才。
可以更單純喔。
比方說像這樣！
我運氣超好！做什麼事情都會順利！
咦？可以那麼自我陶醉嗎？
好可恥～
這種「自戀」是很重要的。
就算被人家在背後說，這個人真是自我陶醉、自戀，也不要在意。
Yes,I Can!
要透過自戀對自己暗示，增加自信！

畢竟只要有自信，任何工作都能熟練自如地進行。
能熟練地安排工作內容
在人前也能談吐自如
努力考取證照
原來如此！
如果能開心地進行自我暗示，會很有效喔。
一天結束的時候，可以試著充分想像：「我想變成這個樣子！」
好！
今晚會在被子裡一直偷笑吧……
我是幸運體質～♫
每天都去公司上班，我真了不起～♫

暗示的訣竅

對「自己很幸運」深信不疑

你失去「自我效力感」了嗎？

有不少人能力很強，但心思卻很敏感細膩，總對自己缺乏自信。對於這樣的人，我常建議他們**要深信一切都能如自己所願**。相信自己的能力，並堅信無論什麼困難都能克服的人，往往能表現得更好。因此也請大家培養，面對任何逆境都能不氣餒的精神力吧！

在心理學中，由自己開拓自己命運的信念，叫做「自我效力感」。擁有這樣的信念比什麼都重要。

訣竅就在於，即使毫無根據，也要深信「只要我認真去做，什麼都能解決」。最迅速的自我暗示法就是灌輸自己「要成為這樣」的想法，只要能擁有「命運都會如自己所願」的控制感，不管從事什麼工作，成功的可能性都會變高。

相信自己的人，年薪也較高

美國馬里蘭州陶森大學（Towson University）的經濟學家格羅夫斯（Groves, M.）曾分析美國與英國的國勢調查數據，以調查什麼樣的人容易在事業中獲得成功。格羅夫斯的發想議題是：「為什麼某些人總能在事業上成功順心？」於是他試著從一個人的學歷、教育歷程，以及個性等來預測受測者的年薪。

結果顯示出**當事人越是自我感覺良好，就越能獲得更多年薪的傾向**。

意思就是說，只要詢問受測者：「你認為你能掌控自己的命運嗎？」就能預測出這個人大約有多少年薪。從這個數據中，我們可以看出擁有控制感的重要性。

命運、人生，都是會如自己所願。

對一個人來說，沒有什麼是比擁有——「自己只要這樣做，就一定能變成那樣」的控制感更有強而有力的信念了。

知名的鐵路王安德魯．卡內基（Andrew Carnegie）也曾指出相似觀點，俄國作家馬克西姆．高爾基（Alexei Maximovich Peshkov）亦曾說：「才能就是相信自己的能力」。

每天都自我陶醉吧！

的確，不管從事什麼工作，沒有自信絕對無法成功。

正因為相信自己的才華跟實力，覺得「我是最棒的，最幸運的人」，才會產生「怎樣的工作都儘管放馬過來，交給我吧！」的心情。

在沒有自信的前提下工作，當然事情也很難做得好。

只要對自己的能力與才能毫不懷疑，相信自己，做任何事情就都能水到渠成。希望你能想像自己最理想狀態的畫面，笑咪咪快樂地進行自我暗示！

迷你鐵則

——在每一天的開始與結束時，誇獎自己是最棒的！

讓心中的不安瞬間消失的「口頭禪」

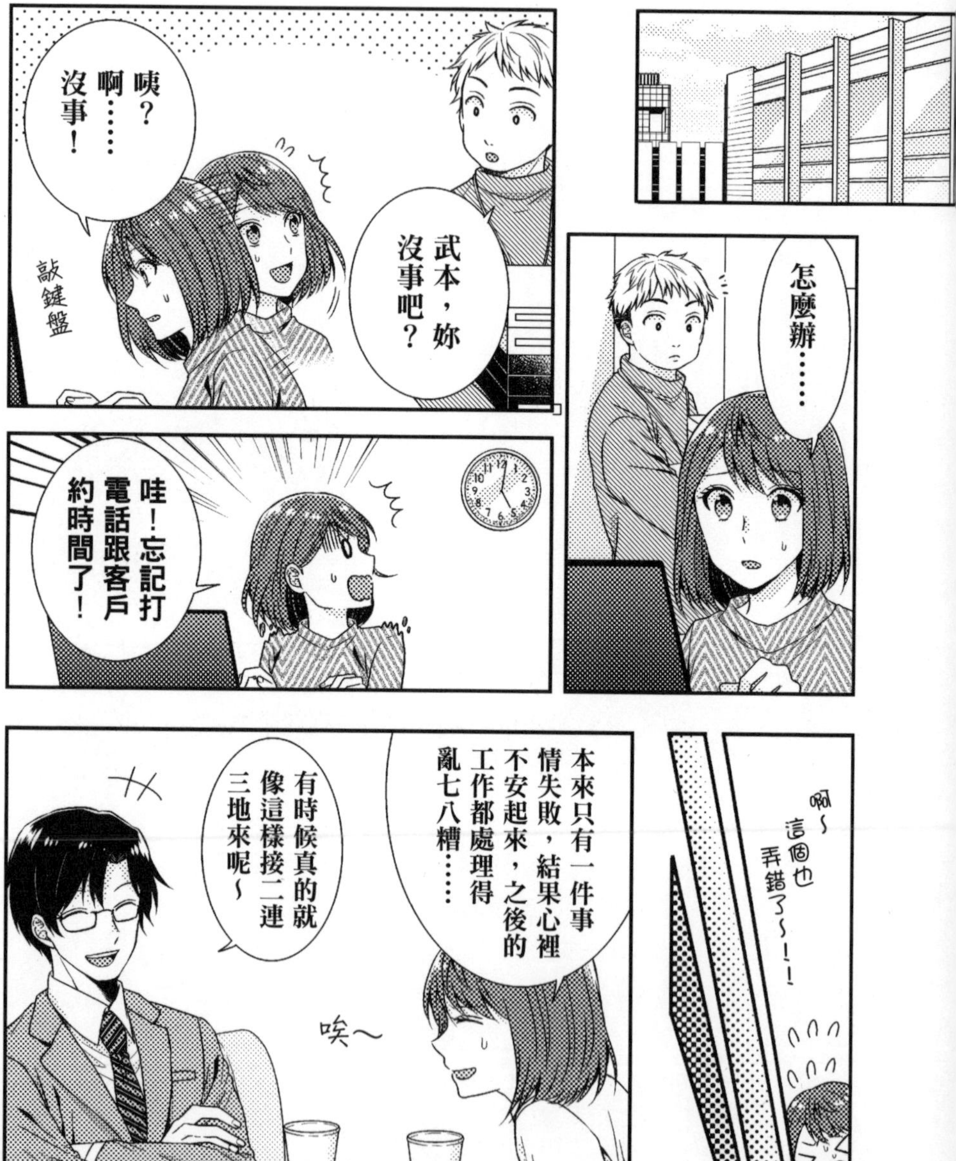

武本，妳沒事吧？
咦？啊……沒事！
敲鍵盤
怎麼辦……
哇！忘記打電話跟客戶約時間了！
啊～這個也弄錯了～！！
本來只有一件事情失敗，結果心裡不安起來，之後的工作都處理得亂七八糟……
有時候真的就像這樣接二連三地來呢～
唉～

心裡的不安都表現在臉上，害其他的組員都替我擔心了。
明明是組長……
感情豐富並不是壞事，不過還是控制一下比較好。
工作
據說情緒容易受到影響的人，在工作上很容易吃虧喔。
！
在發生意料之外的情況時，容易情緒不穩定，
啊……
我不行了……
就會對自己帶來負面暗示，很容易導致真的不順利。
啊～

雖說情緒受影響是人的天性，
但是這種時候也會不自覺地給自己帶來負面暗示。
今天的工作似乎不會順利……
好痛
一大早就摔倒，一定是不祥之兆……
我這種人……
稍微被主管責備一下，就超乎尋常地情緒低落……
有時候真的會變這樣呢……
該怎麼辦才好呢？
只要開始感到不安，
就立刻鼓勵自己！
冷靜一下！沒事的！

重要的是立刻鼓勵嗎？
越早鼓勵自己，就越能減少不安的情緒。
可能只是因為氣溫下降的關係，情緒比較容易低落。
撲通撲通
先冷靜一下，只是碰巧摔倒而已……
沒事的，之前不也順利解決了嘛。
潑
咻
燃燒
趁著火勢還小的時候先滅火，就能防止更大的火災！
沒錯！
在心情不安的最初階段，就立刻使用鼓勵的口頭禪，重新站起來吧！
積極的暗示！

暗示的訣竅

對自己說：「沒問題的！」

樂觀地面對生活，幸運就會來臨

各位讀者，請問你們有沒有常常觀察自己的表情變化呢？不知道你們是否曾遇見，臉上彷彿寫著「世界末日」，散發沉重低氣壓，默默走路的人呢？每當我看到這些人時，我都會發自內心地覺得，幸運是不會降臨到他們身上的。

每天一定要快樂生活，這是非常重要的！

不要像埋頭苦幹的螞蟻，而要像朝氣蓬勃的蟋蟀才行。

希臘克里特大學（University of Crete）的心理學家卡拉德馬斯（Karademas, E. C.）曾調查在四家保險公司工作的兩百多名職員，情緒與工作的連結度。

斷開「負面自我暗示」的訣竅

只要有「我做不到……」的想法出現
一旦意識到，就請立刻阻止自己！接著想像一些能讓自己心情開朗的畫面吧。

根據報告結果顯示，越是樂觀的人，越不容易因為工作而憂鬱，工作的績效也相對更佳。

這是因為樂觀的人不會因為小事情而心情低落，因此更能保持穩定的心情不被小事絆住，連帶影響後續的工作推進。

甚至有其他的研究結果指出，無論是運動員、政治家，還是實業家，不管是什麼領域，獲得成功的人，絕大多數都是樂觀的人。

陷入悲觀情緒，會導致思維停滯

容易因為一點小事就受影響，而陷入不安情緒的人，是無法勝任工作的。以一般的傾向來說，**情緒越容易受影響的人，在工作上越常吃虧**。

挪威的心理學家尼胡斯（Nyhus, E. K.），利用挪威家計收入的調查數據，試著分析什麼個性的人能獲得高收入，**結果得知「情緒越容易受影響的人，越無法賺到錢」**，且這個結果同時適用於男性和女性。

一旦發生意料之外的事，就馬上說「啊——我不行了……」的人，是無法把工作做好的。

這種人就是只要有一點不順利，就立刻「負面暗示」自己的達人。

情緒容易受影響的人，哪怕只是突然下起雨來，都會覺得「今天的工作一定不順利」，或是被主管稍微責備一下，就像被宣判死刑的罪人一般，感到不安。

就是因為如此對自己進行負面暗示，才會真的做不到。

下面這個訣竅可以讓大家停止負面暗示，變得樂觀起來。那就是**養成只要一開始有悲觀的想法，就用：「不可以這樣！」立刻對自己喊停的習慣**（這叫做「思考停止法」）。然後立刻想像一些可以讓自己心情愉悅的舒適未來的畫面。

只要持續訓練三個星期，悲觀的想法一定會銷聲匿跡，取而代之的，你也會滿腦子全是樂觀開朗的事了。

立刻鼓勵自己吧

話雖如此，要百分之百控制情緒是相當困難的。情緒時而亢奮、時而緊張，這都是人類的本能，很難消除這些情緒。

那該怎麼做才好呢？一旦自覺不安的情緒開始出現，就立刻**對自己說：「稍稍冷靜一下吧，沒問題的。之前不也沒問題嗎？上次不也順利解決了嗎？」**

重要的就是在不安的情緒出現時，立刻對自己喊話。越早喊話，就越能盡早消除不安。

我已經記不清自己做過多少次的演講了，可是直到現在，我還是一站上演講台就手腳發抖，非常緊張。不過我學會了一個方法，雖然有點像是欺騙自己，但卻可以立刻消除緊張情緒，重新振作起來。

這個方法是只要一緊張，就立刻對自己說：「沒問題啦，每次都只有剛開始的時候會緊張」。

在還是火苗的時候滅火，就不會釀成大火災了。

人的不安情緒或許也是這樣。雖然無法在情緒受到影響之前防範於未然，我們還是可以在不安的情緒擴大之前，做出相應的處理。

迷你鐵則

——越是心思細膩、情感豐富的人，正面自我暗示就越有效！

只要將下巴抬高20度，就能擁有快活的表情！

夕陽餘暉下的天空真美呢。
好美喔！
星期三的「不加班日」，真讓人鬆口氣。
畢竟一星期的正中間，剛好是開始疲勞的時候。
在疲勞的時候，如果又剛好有重要會議，真的會令人不安～
的確。
光在疲勞時表現出消沉的工作狀態，就會讓信賴度降低，要儘量避免才行。
把工作交給這個人，真令人擔心……
呃……
這個人感覺什麼都能做好！

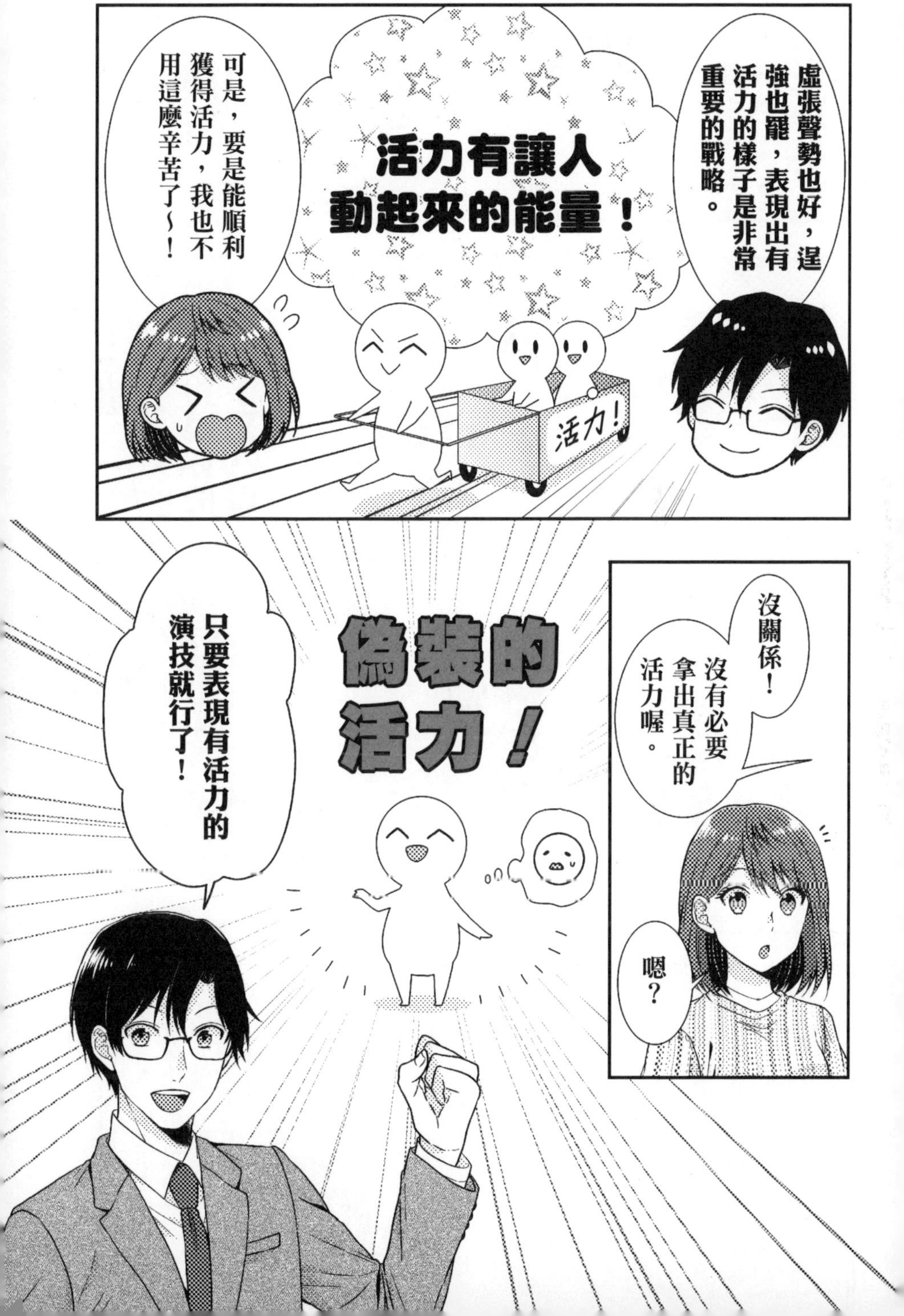
虛張聲勢也好，逞強也罷，表現出有活力的樣子是非常重要的戰略。
活力有讓人動起來的能量！
活力！
可是，要是能順利獲得活力，我也不用這麼辛苦了～！
沒關係！
沒有必要拿出真正的活力喔。
嗯？
偽裝的活力！
只要表現有活力的演技就行了！

呃……演技？
對，演技！
這個方法就是抬高你的下巴20度！
Keep your chin up!
20°
下巴？
在加拿大一所大學進行的實驗中，將下巴抬高不同角度的CG臉孔一字排開，調查其看到後的感受。
0度
10度
20度
結果大多數人都認為抬高20度是活力充沛的表情。

然後再想想光線照射角度，光是低頭，臉上就比較容易會有陰影，看起來很陰沉。
哇～這真是吃虧！
最重要的就是只是把頭抬高一點而已，跟假裝有活力比起來，比較不會累！
簡單超棒！
這麼簡單的方法，不試試就真的太可惜了！
要是抬得太高，到了30度，就會顯得自大，只要小心這一點就行了！
俾倪的目光
啊！
30°

暗示的訣竅

靠看起來很有活力的「演技」來改變心情

消沉狀態的逃脫法

近年國際局勢動盪不安，若又適逢連日報導出不好的新聞，民眾難免會心情低落、惴惴不安。彷彿全世界都陷入了閉塞感之中，誰都沒有活力。

然而，正因為我們處於這樣的世界，才更需要偽裝逞威風，或是利用技巧裝出有活力的樣子。

如果只有你一直都是一副元氣滿滿的樣子被外界看見，自然而然就會有人願意跟你親近、合作，相處起來也會感到愉快，對你的信賴感也會有所提升。

逞強也好，虛張聲勢也罷，總之要表現出自己很有活力、有著用不完的精力，還很年輕的樣子。

「就是打不起精神，才令人煩惱啊。」

各位讀者說不定也會這麼想。不過，我不是叫大家「拿出真正的活力來」。說真的，我也明白要改變自己的性格是非常難的，因此我說的是「虛張聲勢也好」，「表現出有活力的演技」即可。只要這樣一定可以改變周遭的氣氛，自己也會不知不覺越來越有活力與自信！

只要抬起下巴，就會顯得朝氣蓬勃

怎樣才能表現出很有活力的樣子呢？

其實只要將下巴抬高二十度即可。就只有這樣，這麼簡單。

將下巴抬高二十度之後，任何人看起來都不會垂頭喪氣，彷彿展望未來似的，顯得朝氣蓬勃。

正因為如此，廣告模特兒在拍照的時候，也會將下巴抬高二十度。

加拿大蒙特婁麥基爾大學（McGill University）的學者米尼歐（Mignault, A）以十度為單位，用CG（Computer Graphics，電腦繪圖）製作了下巴抬高、降低各種角度的表情，再讓許多人看，藉此調查看到不同角度的臉，能從對方獲得怎樣的評價。

結果顯示，大家都認為下巴抬高二十度時，是活力充沛的表情。

順便告訴大家，當下巴抬高至三十度時，就會變成驕傲自大的表情，因此就算抬起下巴是好事，也小心別抬得太高了。

陷入消沉的時候，請回憶起這句話

與人見面的時候，請將下巴抬高二十度。

這麼一來，對方就可能會覺得你是一個活力滿滿的人。下巴抬高二十度時，會有充足的光線照在臉上，能讓整張臉看起來神采奕奕。

相反的，當低著頭時，因為陽光或照明光線的關係，會在眼睛的凹陷和嘴邊等部位形成陰影，讓人覺得「這個人看起來好陰沉」。

在英文中，用來激勵他人「打起精神來」、「加油啊」的說法是「Keep your chin up」，直譯過來就是「抬起下巴來」。抬起下巴會讓人看起來很有活力，因此用來勸人「小心別讓下巴降低」。
不管意志有多消沉，都要抬起下巴。只要避免低著頭，你看起來就不會像是失去幹勁的樣子。

迷你鐵則

——只要一個小動作，就能不可思議地燃起鬥志。

試著用「完成式」唸出夢想

武本，妳在許願的時候會用怎樣的語句？
Make A Wish☆
呃……「希望工作可以順利進行」之類的吧。
真可惜!!
咦？
使用正面暗示活化潛意識的許願方式是……
完成式！
已經實現了！
工作現在正順利進行。
完成式？
比方說，如果希望工作快點完成的話，
已經解決得差不多了！幾乎都做完囉！

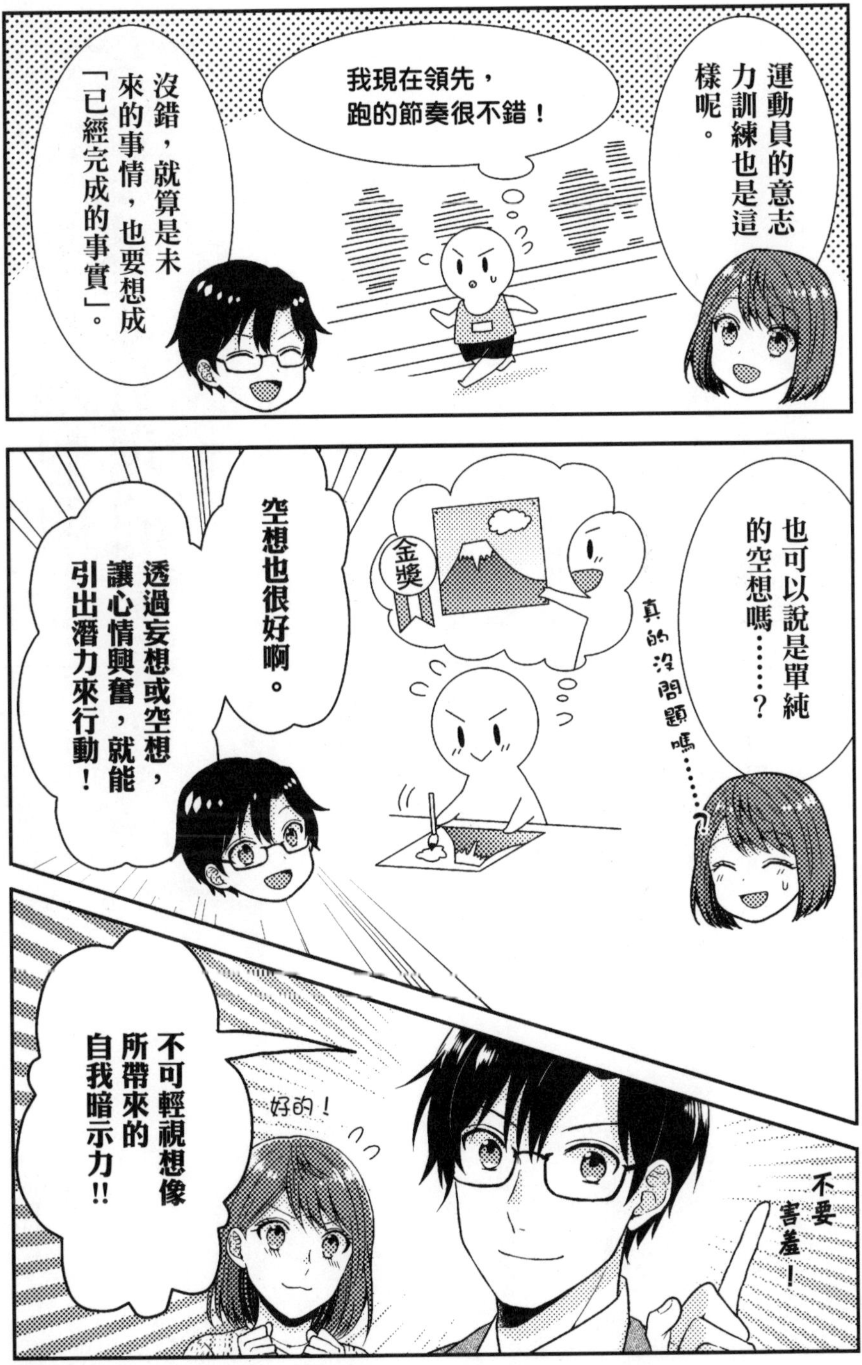
運動員的意志力訓練也是這樣呢。
我現在領先，跑的節奏很不錯！
沒錯，就算是未來的事情，也要想成「已經完成的事實」。
也可以說是單純的空想嗎……？
真的沒問題嗎……？
金獎
空想也很好啊。
透過妄想或空想，讓心情興奮，就能引出潛力來行動！
不要害羞！
不可輕視想像所帶來的自我暗示力!!
好的！

暗示的訣竅

逼真地想像夢想實現的場面

不只是期許，而是已經完成才厲害

暗示自己時，大部分的人都會將願望說出來。例如想變成有錢人、想談戀愛等。然而，這種願望不管說出來多少次，都不會實現。因為這種暗示方法根本就是錯的。

真正有效的暗示法是使用「完成式」。

舉例來說，催眠很有名的「雪佛氏鐘擺」便是透過專注的想像暗示以達成催眠的效果。

不少人都應該看過表演催眠最常出現的橋段，便是催眠師拿著有鍊子的懷錶等，請對方專注地看著物品的鐘擺，接著對對方下達暗示。接著被催眠者就開始神奇地做出一連串催眠師指定的行為。

同理，這樣的催眠暗示，也可以用在我們自己身上。並不僅是將願望說出來而已，而是要認真去想像自己已經完成的畫面，才能真正達到暗示的效果。

先做夢才能成真

許願的時候也一樣，最好的方法不是許願「想變成有錢人」，而是要自我暗示並且深信：

「我已經要變成一個有錢人了！」

被要求做很多工作時，在開始處理工作前也可以想像：

「看吧，已經處理得差不多了，基本都已經解決了！」

要像這樣，想像面前堆成山的資料不斷減少，並且一切都會很順利地進行。如此一來，即使是很困難的案子，也能如你所願地完成。

實際上，這樣的自我暗示，在運動員的意志力訓練上，並不少見。

不少運動員都會想像自己在比賽中正佔有優勢，已經勝利的場面。就算是未來的事情，也要想像成已經完成的事實。這麼一來，人類的暗示力就能發揮最大的效果。

想成為作家的人，不是想著要成為作家，而是想像自己已經成為作家，正執筆寫作，還被讀者們大力稱讚。

同理而言，如果想要成為有錢人，則要想像自己已經成為一個有錢人，正住在一間豪宅裡，開著高級車到處跑。

也許有人會覺得這只是空想，但是只要能這樣想就是很大的一步。**請不要小看人類對自己大腦所下的暗示，只要擁有夢想，即便對現在的自己來說，這樣的念頭就像是白日夢也沒關係**。

這是能激發自己最大潛能的訣竅。

我希望大家不要害羞，多多想像自己的夢想「已經實現時」的場面。

在不知不覺間擁有「速讀」能力的原因

以前，我曾在電視特輯中看到號稱「速讀名人」的人登場，只是翻了翻書就瞬間理解了書中的內容。我當時心想：「真想像他那樣讀書。」因為很羨慕，於是也希望自己能擁有這種能力。

自此，我不斷地想像自己與那位速讀名人的模樣重疊，以及我速讀成功的畫面，並持續地練習。

就這樣試了一段時間，當我意識到我不停地自我暗示時，我已經在不知不覺間學會了速讀。透過想像以進行自我暗示的效果，好得令我不敢置信。

自我暗示時，只要堅信自己已經擁有了那種能力。不僅僅只是希望，還要深信那是已經完成的事實，這就是能自我暗示成功的祕訣！

迷你鐵則

——在潛意識中堅信「完成的事實」。

用超大的字洋洋灑灑地寫出「夢想」

不要只用腦子想，「寫下來」這個動作能積極進行自我暗示。
發呆……
的確，寫下來能在腦內留下印象呢。
寫在筆記本的空白部分也好，字要寫超大！
明天開會
3/20 晴
字寫得又大又明顯的話，自己的情緒也會高漲起來，是一種正面暗示喔！
8月時，我已經減肥成功！
妳就當作被我騙了，試著把字寫大一點看看！
真有趣！
只是把字寫大也能給自己正面暗示呢！

暗示的訣竅

用大字寫下目標，能讓自信油然而生

想要美夢成真的話，不能寫得密密麻麻

每逢新年，不少人會想把今年的抱負跟目標寫下來。或許也有人是去新年參拜的時候，將心願寫在繪馬上。

把心願寫下來這個方法，正是自我暗示的方法。

不是僅僅在腦子裡想，「寫下來」的積極行動，使暗示的效果驟增，是一個非常好的方式。

話說回來，好不容易把願望寫下來，請記得要坦坦蕩蕩地用大字寫下來喔。因為寫得小小的、密密麻麻的話，就沒有暗示的效果了。

我很喜歡去神社看別人寫的繪馬，雖然我自己每年也都會寫，但看別人寫下的願

望，也是件十分開心的事。

在各式各樣的繪馬上，寫著五花八門的心願，當看到那種又小又瘦的字體，就會覺得可惜：「啊，好不容易寫的繪馬真是浪費了」。大家請記得：不用洋洋灑灑的大字寫出來的話，神仙也不會幫忙實現的！

小學老師們也表示，就算考試成績不好，但是把自己的名字寫得大大的、洋洋灑灑的孩子，通常將來會有更好的發展。這樣的孩子往往更有自信，因此也更勇於挑戰，於是就更容易有成就。

坦坦蕩蕩地寫下來，內心也會變得從容

不知道為什麼，我們只要把字寫得大大的，情緒也會跟著高漲起來。

有一類人會在自己的筆記本裡，寫得密密麻麻的，這類人往往容易緊張不安。而內心從容的人大多會在筆記上留下更多的空白空間，把字寫得大大的。

慶應義塾大學名譽教授槙田仁先生在《從筆跡了解性格》一書中也指出：「字寫得小的人大多容易敏感不安，字寫得大的人大多正向積極。」字寫得大的人，更容易

表現出精力充沛。

難得要寫下心願，就拿出自信坦坦蕩蕩地寫下來吧。**字大到都寫不下的程度時，自己也會相信「這個願望說不定真的會實現呢！」**。

相反若寫得小小的，某種層度也代表自己都不會相信這個願望會美夢成真了。「這不過是自我安慰而已」、「肯定不會實現的」有種這種消極的想法。

就算覺得是騙人的，也請試著養成豪邁地，坦坦蕩蕩地寫字的習慣吧。養成這種習慣之後，性格也會變得開朗有朝氣。要注意的是，若總是將字寫得很小，人的器量也會變小喔。

迷你鐵則

——大範圍地使用筆記本的空白處，盡情寫下夢想和目標。

［第四章］

×

能與困難的對象交手的「極致技巧」

——驅動人的暗示

沉睡
看起來比平常累多了呢！
啊！
醒了醒了～
您好！對不起！
天啊～口水～
起立！
看來妳的專案已經完成不少了呢。
可以吃到美食的商店街活動！
5/1~5/15
是的！
這個月要收集一些有效的傳單方案。
還要跟那些完全不關心商店街活動的店主交換意見，
超級不安，要考慮的事情太多了，頭都快爆炸了……

嗯……
這樣的話……那個暗示或許能派上用場。
有嗎!?
這次讓我們把焦點放在「驅動人」的暗示和「誘導出結論」的暗示吧！
只要稍稍一點！
基本訴求
不理解的訊號
反對的意見
興奮
好！

如何讓對方稍微開口？

櫻花商店街
……
今天想跟您談一談商店街活動時使用的特別菜單……
呃……
有一位店主不知道是不是因為戒心很強，總是閉口不言，完全無法掌握他真正的想法，讓我很頭痛。
這是個棘手的對象呢。

還要跟這位店主討論菜單的成本比例……
唉～
就算是跟普通人，也都很難討論錢的問題呢～
即便這樣，我還是不能不討論～！
哭哭～
有些句子在這種時候很方便喔！
在您方便透露的範圍內就好了，
我只想知道您能說的那部分。
比方說，如果對方不願意告訴妳某項商品的售價……
只要大概程度就好，可以告訴我粗略的數字嗎？

重要的是，給對方設定一個「只要一點點就好了」的低標。
這樣就可以了！
才這麼一點點的話，好吧……
人們只要一開口，就會放鬆戒心，變得更容易溝通。
這就是突破點！
這個技巧稱作「Even a Penny will help」喔。
便士？
英國的貨幣
1
便士
penny
100便士＝1英鎊
（約38新台幣）

拜託一件低標準的事，促使對方行動起來，結果就能讓對方做出比原來的請求更多的事。
真的只要1便士就好了，請募捐！
好不好？拜託您!!
真是沒辦法……
1便士有點太那個了，還是稍微多捐一點吧。
關鍵字就是「小小的請求」。
小小的！
先找出一些對方可能會接受的事，試著拜託對方！
好～！

暗示的訣竅

讓對方答應「小小的請求」

向防衛心強的負責人詢問時

交涉時，對於一些重要的部分，有時候無論如何都希望弄清楚對方的真實想法。這種時候，有效的詢問方法就是：

「在您方便透露的範圍內就好了，我只想知道您能說的那部分。」

在大多數情況下只要讓對方稍微開口，基本就能知道對方的真實想法了。所以，真的只要請對方「稍微地」開口一下就好了。

當有人向你兜售一個產品方案時，並沒有明確告訴你要賣多少錢。他的作戰方法是拖拖拉拉的不明說售價，故意讓你慢慢變得焦躁起來。

這種時候不要直接戳到核心，說一些類似的語句就好了。

「粗略地說一下就好了，**能否告知一個概數？**完全不用告訴我具體的數字。我也能理解您的立場的。」

只要對方稍微一開口，就能以此作為突破點全面地進攻了。

「原來如此，也就是說要三千萬日圓左右吧？……這樣的話，不至於超過三千兩百萬日圓……這麼理解對嗎？不不不，不方便的話真的不用說。但是，若出價二千六百萬日圓的話就太低了對嗎？嗯嗯，原來如此。好好，我明白了」

用這種方式詢問的話，對方就在不知不覺中告知不少訊息，你想要知道的內容也就迎刃而解。

「小小的請求」是誘因

人們只要一旦願意開口，之後就會滔滔不絕地說下去。

警匪推理劇裡也出現完全拒絕舉證的嫌疑犯、目擊者或者犯罪分子的例子。只要誘導出一個契機，這些人也會滔滔不絕地說開了。在現實生活中也是這樣。

這個方法叫做「Even a Penny will help」，當你向人拜託「真的一便士就好了，請募捐吧！」結果對方往往不會真的只捐一便士，而是會捐出更多的錢。

一旦讓對方有募捐的想法，就不會只拿出一便士了。所以在拜託的時候，最好是特別強調只要一點點就好。

當對方是防範心較強的人時，這個技巧就很有效。最初真的只作小小的請求就好。目的是要讓對方覺得「可以談談」，多麼小的請求都是OK的。

像新聞或雜誌的媒體記者們，也經常會用這個方法，向戒心極強的政治家和官僚詢問意見。優秀的記者，並不會立刻直戳對方提防的核心問題，而是先用**「絕對不是要讓您告訴我全部，只要陳述您方便說的範圍就好了」**以此先找出一個突破點，接著在對方逐漸放鬆戒備的時候，再慢慢進攻。

迷你鐵則

——一旦鬆口，戒心就會一口氣消除。

如果反應不好，就試著改變框架

若對方的反應並不積極，有辦法使他對我的提案產生興趣嗎？
例如之前說的那位口風超緊的店主，他似乎沒辦法給我很多時間來談這件事……
原來如此
還有另一個對策。
那就想想對話時語句的「框架」吧！
框架？

例如下面兩句話：
有一半的議員都參與了收賄
有一半的議員都沒有參與收賄
前者會對議員產生不好的印象……
後者則有可能產生好的印象。
嗯—
沒錯！只是改變了語句的構成（框架），就算是同樣的內容，給人的印象也會不同。
這塊牛肉的70%都是紅肉
這塊牛肉的30%都是脂肪
既然要跟對方交談，當然要選擇讓對方印象深刻的方法吧。
是！

這是某所大學給40～65歲受試者看的手冊內容，
妳覺得哪一個更有說服力呢？
A
接受癌症檢查吧！接受檢查，可以早期發現重大疾病，更加安心。
B
接受癌症檢查吧！若不接受檢查，會錯過發現重大疾病的時機，經歷痛苦。
A的方式給人比較溫和親切的印象，我覺得是A！
更加安心！
錯了！讓受試者們想接受檢查的是B手冊！
B
經歷痛苦。
咦!?
暗示對方的時候，即使主張相同，讓對方有危機感會比讓對方安心更有說服力。
真的沒問題嗎～？
咦！
撲通撲通

考慮一下至今為止的內容，再思考一下要說的話……
進行〇〇的話，就會增加新顧客喔。
與其這麼說
不進行〇〇的話，獲得新顧客就無望了喔。
我應該會這麼說吧。
如果好好考慮一下商店街活動的菜單，就能增加新顧客喔。
如果這麼說之後，對方沒什麼反應
沒有商店街活動的菜單，就無法表現餐廳的優點，獲得新客戶的機會也會減少喔。
沒錯！
改變句子的面向，適當使用嚇唬對方的話，就能吸引對方的興趣，並帶來驅使行動的契機！
試著用各種表現方式轉換說法吧！

暗示的訣竅

試著挑唆不安心理

試著適當地加入「恐嚇用語」

一旦語句的構成改變了，聽的人的理解方式也會跟著改變。請大家比較看看下面的語句，說的是同樣的意思，但給人的印象卻完全不同：

「使用這種方法，成功的機率有六〇％。」

「使用這種方法，失敗的機率有四〇％。」

即使成功的機率較大，刻意指出失敗機率一定會讓人感到不安。如果要拜託對方「試試其他方法」，用後者的說法更容易達成目的。

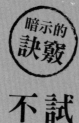

從這個例子可知，使用怎樣的架構造句——亦即透過變化句子的結構，帶給對方的印象也會截然不同。

有說服力的人，平時就特別熟悉各種各樣的表達方式，同樣的現象能轉換不同的方式來表達。或許也可說是語感特別好的人。

用什麼樣的表現方式來說話，更能得到對方的理解呢？

我希望大家經常思考這個問題，磨練自己的語感！

迷你鐵則

——刺激「不願吃虧」、「不想失敗」的心情。

增加說服力，提升矚目度的方法是什麼？

嗯～
偷看
眉頭皺得這麼緊，在看什麼呢？
哇！
商店街活動的傳單初稿做好了，但完全不知道該從什麼觀點來修改。
相樂前輩，你會從什麼角度思考呢？
我想想～

12345
首先呢，我會先放幾個數字到訊息裡！
比如這個樣子：
A
導入電腦後，就不用支出人事費用了。
B
導入電腦後，人事費用可以削減5%到45%。
B更有真實感，比較容易讓人信服吧。
喔～
沒錯！數字的說服力很強。

數字的優點之一，是讓訊息具體化。
相當多喔
有多少呢？
嗯～？
60
全部加起來60％。
不僅如此……
有數字說明的文章，更有這種味道——
有科學性
DATA
不是主觀的陳述，具有客觀的真實感
這個方法不試試看就太可惜了！
嗯——
要怎樣放進去呢？
若要另外再加上一個矚目重點，
就是基本訴求！
訴求～……？
？？？？

如果在電視劇的標題中使用這樣的詞語，聽說能大幅提高收視率喔。
殺人　6%
UP!
美食　2%
UP!
美女OL　3%
UP!
這種電視劇真的會忍不住會想看呢～
美食之旅
美女OL殺人事件
這就代表有什麼共通點吧？
妳認為是什麼？
我投降
Oh!
共通點就是刺激了人類訴求的單字！

讓我介紹一下有些什麼樣的訴求吧……
生理的訴求
（生存所需之物）
睡眠　食慾　呼吸
口渴　性慾　愛情
Z Z Z…
社會訴求
（社會中的精神訴求）
認同訴求
安全訴求
Good!
有各式各樣的訴求要素
金錢
哇～存在這麼多種啊！
呃……
看妳的樣子，應該是想不到什麼具體的例子吧？
簡單來說，就是能感受到「切身利益」的內容。
喔～
受喜愛的妝容！
輕鬆節約！
不會生病的
早晨生活方式

那商店街活動的話……
認同感 + 美食
能邂逅讓朋友羨慕的一品料理的餐廳
口渴 + 美食
從「用最棒的一杯酒來潤喉！」開始的商店街活動
不錯喔！就是這種感覺！
在日常對話或會議中也很有效，多多使用吧！
3
數字
訴求
為了在突然需要時，能想到這些詞語，得熟用才行……
現在要邊說邊用太難了，我辦不到～！
加油！

暗示的訣竅

出示客觀的數據，或是刺激食慾、物慾等

出示「客觀數據」更容易被採用

為了使人信服，「數據」是不可或缺的。不管你想表達怎樣的觀點，使用有「數據」的訊息，就有提高「真實性」的作用。

我在執筆寫這本書時，也盡量融入更多數據來說明。因為我覺得，有數據加持，更能讓讀者們信服。

比如，比較以下這些加入了數據的訊息和不加入數據的訊息，就能一目了然了。順便一提，這些數據都是真實材料。

【加入數據的訊息】

美國加州州立大學薩克拉門托分校（California State University）的雷夫・約翰遜博士（Ralph Johnson），用一百組夫妻作為調查對象，查出丈夫發生婚外戀情（濫情）的比例為七二％，妻子的比例則為二九％。可以說男性是高出女性兩倍的濫情生物。

【沒有加入數據的訊息】

美國加州州立大學薩克拉門托分校（California State University）的雷夫・約翰遜博士（Ralph Johnson），用夫妻作為調查對象，查出丈夫發生婚外戀情（濫情）的比例比妻子高。可以說男性是高出女性兩倍的濫情生物。

一讀就能察覺，加入數據的訊息更有魄力。如果從現在開始，想在自己的說話內容中加入數據的話，就大量引用會更好。數據引用的概念不是說有比沒有更好，而是絕對要引用！

出示數據，訊息就會被認為有以下優勢：

1. 更具科學性。
2. 沒有夾雜主觀意識。
3. 更具真實性。

暫且不論手邊無數據可引用的情況，有的話就一定要使用。很明顯地，若想要說服別人，引用數據將更具效果。

若能刺激到人類的「基本訴求」，就能一舉受矚目了。再者，想要聚集人們的目光，使用刺激「基本訴求」的詞語是最簡便快捷的方式。

具體要用什麼樣的詞語才好呢？**比如健康、和平、安全、性愛、睡眠、戀愛等，越是使用這些與人類基本訴求相關的詞語，就越能引起對方注意，進而對你述說的事情表示出關心。**

比起理論空談，要讓人感受到切身利益

我在演講和研討會時，盡量使用與人類的基本訴求相關的事例，因為從實踐中發

現，只有富含這類事例的內容，才會使參加者熱心聆聽。說著「在心理學中，有這樣這樣的理論……」只會讓參加者呵欠連天，但說起：

「這樣做的話大家就會變成受歡迎的人。」
「這樣做的話，就能賺大錢了。」

若刺激參加者訴求的話，大家就都睜大眼睛專注地聽下去了。重點在於巧妙地使用富含刺激到人類基本訴求的話題。

極其認真地講述心理學話題的時候，大多數人都頂著一張昏昏欲睡的臉，於是我便改變話題說「那麼，讓我們來談談能長生不老的心理學的訣竅吧」。

於是，一瞬間全體聽眾的臉都突然抬了起來。當時的聽眾以老年人居多，比起心理學的話題，他們對自己的身體健康更有興趣吧。

在這個場合，「長生不老」這個詞勾起了他們的興趣。

不管你說多少為對方著想的話，聽不進去就沒有意義了。明確對方的訴求，選擇滿足其訴求的內容，對方一定也會洗耳恭聽。

當面前的人表現出厭倦，或者無聊的樣子，那不是他的錯，而是拿出這種話題的

你的錯。對方只要表現出任何一絲無聊的樣子，立刻轉變話題吧！

迷你鐵則

——巧妙地使用數字和刺激基本訴求的詞語吧！

如果對方露出感到奇怪的表情，就立刻改變說法

這次要開會的店主有點恐怖，
有種「老頑固！」的印象！
之前開會時也一直板著臉，沒什麼反應，不曉得到底是……
……該不會是店主聽不太懂妳在說什麼吧？
！
經你這麼一說……
他問的問題確實太少，有些地方確實有那種感覺……
慘了～

人會不知不覺地認為「只要自己完整說出來，對方也會完整了解」。
最多也只有80%
我可能太急了，一直不停地說。
搞砸了~
把聽的人丟在一旁……
這是說話的人常犯的錯喔。
從下次開始，不要錯過對方的「不知道訊號」吧！
不看自己的眼睛，目光游移
沒有答腔
身體僵硬
反應遲鈍
陷入沉思
…
原來如此！
頻繁跟對方確認「您了解了嗎？」也是很重要的呢！
不是，

那樣的說法會帶來責備對方的印象，所以別那麼說。
您了解了嗎？
是喔。
如果覺得對方不了解，
就要馬上換一種說法！
Change!
用這種方法更換說法，感覺也會比較流暢！
換句話說，就是○○的意思。
這樣的說法也能引起對方的興趣呢！
如果要舉例來說的話，就是○○喔。
把我剛才說的話做個總整理，就是……

為了讓對方更能想像妳說的內容，要習慣替換各式各樣的說法，並引用會吸引對方注意的數字。
有數字的數據
1
3
比方說
ex.
例!
改變句子的結構
即使是與公司同事間再習以為常的既定用語，
對於其他人來說也有可能是第一次聽到的話，所以要注意！
Priority是……
Agenda是……
好難說出自己聽不懂……
把Buffer……
很容易漏掉這部分
下次我絕對不會再放著對方不管了!!
嗯……下次約見面的是……

暗示的訣竅

察覺「不知道」的訊號

對方的理解度遠比你想像得低

與人說話時的訣竅，就是一看到對方露出感到奇怪的表情，就要立刻改變說法。

美國阿肯色大學（University of Arkansas）的心理學家芭芭拉・戴維斯（Barbara Davis）就曾利用實驗確認，人在頭腦混亂時，最好用較簡單的表達方式來說明，方能使對方更確實地理解你想說的話。

根據實驗結果發現，與其拜託對方「請樂捐三百便士」，改成說「請樂捐三美元」實際願意樂捐的人數比例會比較高。而且，願意樂捐的人數也會因你改變說法而增加高達三〇％。徹底站在對方的立場，一邊推測對方的理解程度，一邊對話，才能稱為對話的高手。

就算我們拚命地說，如果對方的目光游移，或是不答腔、歪著頭，就是沒有充分理解你說的話。

這種時候，**不要用「您知道了嗎？」這種感覺好像在責備對方無知似的句子，而是要自然地換一種方式說，才是比較好的。**

不擅長演講或演說的人，往往會犯下一直按照自己的步調，不斷自說自話的失誤。一味自顧自地說話，容易讓聽的一方覺得反感、無法接受。

如果能在說了一些話後，用「讓我整理一下，目前我們討論的內容喔」來直接做摘要；或是用「換句話說，大概是這個意思……」再換個簡單易懂的說法做結論，就越容易使對方聽懂，進而接受。

迷你鐵則

——如果對方的反應很差，就試著改變形容方式，或是將說話內容摘要吧。

不經意地提出「反對的意見」

妳說的那位店主是第一次參加商店街活動嗎？
是的，因為是人氣店家，所以我希望他能參加串聯活動，
但店主是很難取悅的人。
不悅
我都有仔細地說明，但對方總是不願意聽我說話……
之前也是，所有提案都被拒絕了。
即使是為了對方著想才推薦的，有時候也會被誤解為強迫推銷喔。
就是那樣～！

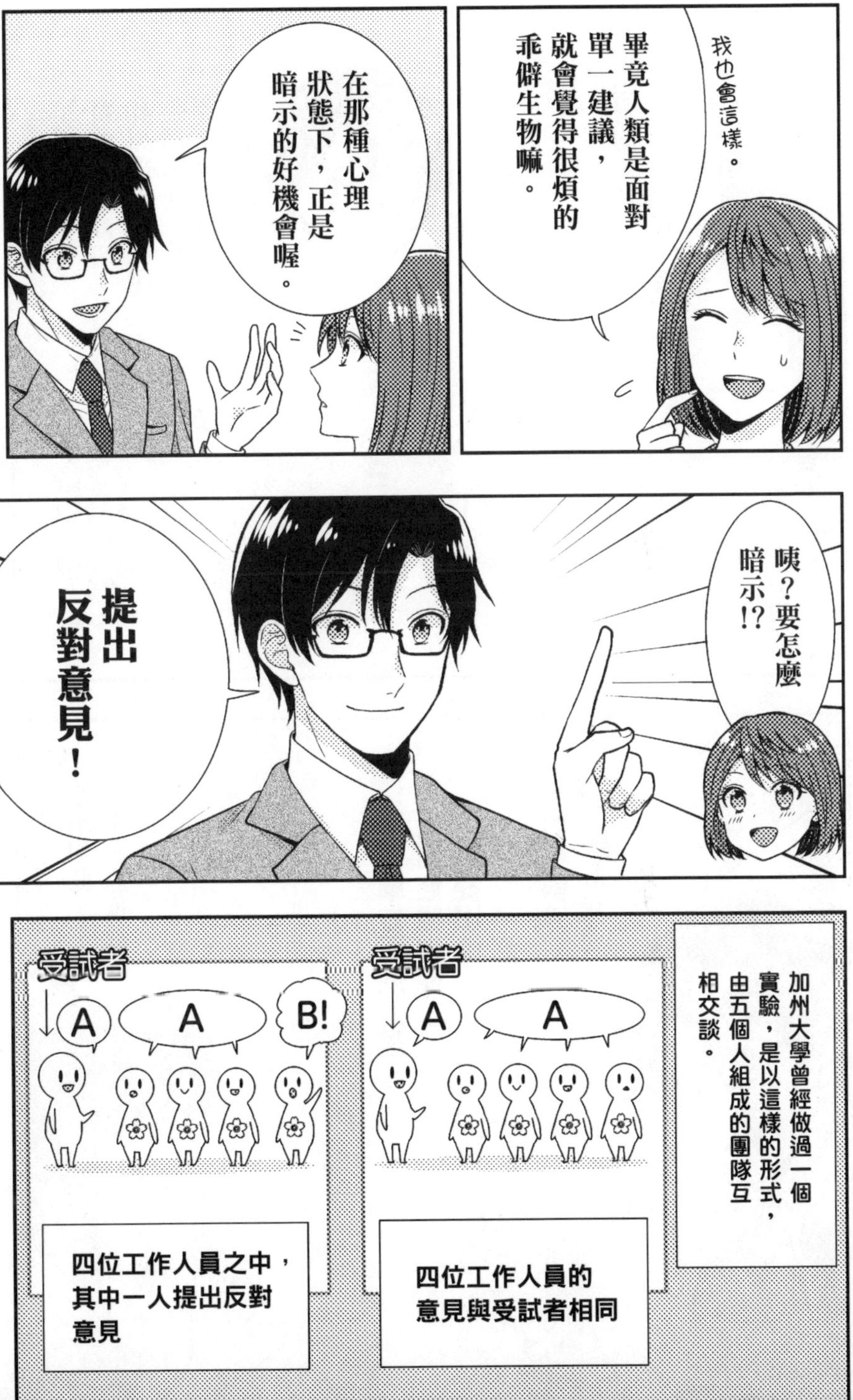

我也會這樣。
畢竟人類是面對單一建議，就會覺得很煩的乖僻生物嘛。
在那種心理狀態下，正是暗示的好機會喔。
咦？要怎麼暗示!?
提出反對意見！
加州大學曾經做過一個實驗，是以這樣的形式，由五個人組成的團隊互相交談。
受試者
A
A
四位工作人員的意見與受試者相同
受試者
A
A
B!
四位工作人員之中，其中一人提出反對意見

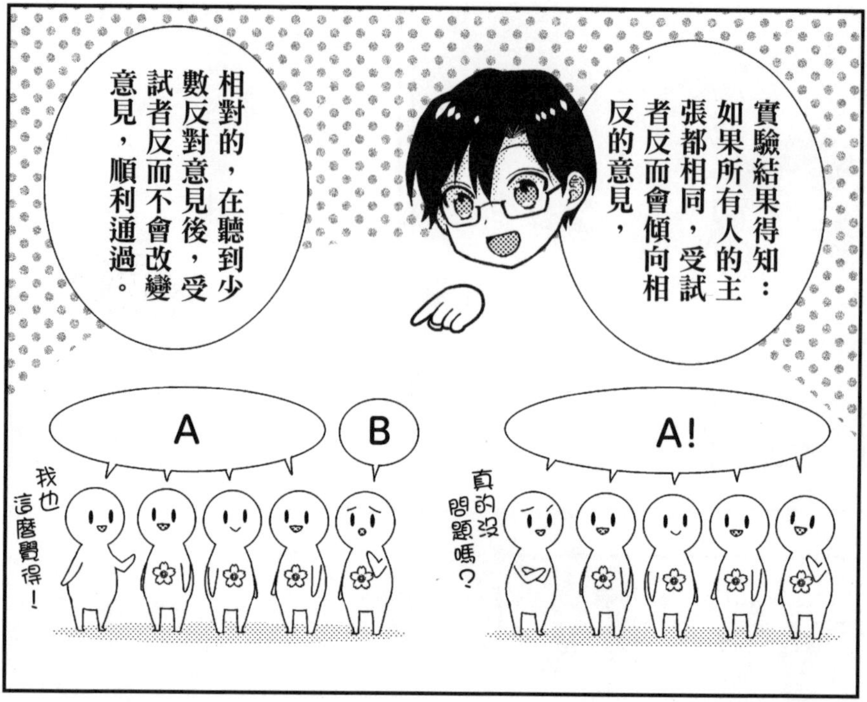
實驗結果得知：如果所有人的主張都相同，受試者反而會傾向相反的意見，
相對的，在聽到少數反對意見後，受試者反而不會改變意見，順利通過。
A!
真的沒問題嗎？
B
A
我也這麼覺得！

原來如此……如果有想推薦的意見，
不要單方面地主張，反對意見也要一併提出！
不讓乖僻的一面出現！

若想讓對方接受建議，加入一些與自己看法相左的意見也很有用。
不要遲到喔！
早起上班真的很辛苦，不過還是要注意一下喔。
櫻花商店街
……基於這些原因，我個人是覺得方案A比較好。
不過也有些人覺得分配不同比較好，所以偏好方案B。
嗯……
原來如此，A也有一番道理呢。
那就用方案A。
謝謝您！

暗示的訣竅

不要只說好話，不好聽的話也稍微說一些

被強迫接受意見是令人很厭煩的事

如果一直聽到單方面的意見，難免會讓人起疑「真的是這樣嗎？」，有時候反而會故意想持相反的建議。這不是只有我，而是只要是人類就會有的乖僻心理。

要說服別人的時候，最好要不著痕跡地摻入相左的意見。這樣反而能提高被接受的機率。

比起參加會議中四個人有著相同的主張，若是三人主張支持，一人反對，反而更能讓大家欣然接受。

不受反駁的意外方法是什麼？

加州大學柏克萊分校（University of California, Berkeley）的心理學教授查蘭・內米斯（Charlan J. Nemeth）讓四十七位女大生閱讀某場官司的紀錄，並要求她們五人一組，互相討論後提出結論。

該案例是因工作而受傷的修理工人，要求公司賠償的官司，並由五個人討論該賠償多少錢。只不過，真正的參加者只有一人，剩下的四個人都是實驗的工作人員。工作人員事先就彼此套好話，採取下列兩者之一的態度。

- 四個人全都主張「小額賠償即可」。
- 三個人主張「小額賠償即可」，其中一人則持「應該可以再賠多一點吧」的反對意見。

結果得知，摻雜一名反對者比較會讓參加者的意見傾向「小額賠償即可」。除此之外，我們也得知如果所有人都有相同的主張，反而會讓參加者持相反意見。

靠這個特點就能讓對方不反對，通過主張

希望別人聽你的話時，就要仔細想像自己有沒有單方面地主張。像是：

「不要抽菸！抽菸對健康不好，會頭痛，還會折壽，根本一點好處都沒有啊。」

即使如此單方面地主張，抽菸的人也不會接受。可是，若刻意摻入一些與自己立場相左的意見——

「不要抽菸啦～我也能理解抽菸才能集中精神或是放鬆心情，不過說不定有害健康啊。」

這樣加入一點相反的想法，反而比較能提升對方想戒菸的意願。要是打從一開始就單方面地被勸戒，聽的人就會認為你是在找他麻煩，因此難以接受你的建議，甚至還可能故意作對。

再舉個例子，假設召集小組開會前，先抓住某個特定的人，千叮嚀萬囑咐對方：

「等一下要無條件支持A方案喔」。

這時若會議上，大家都異口同聲地說方案A可行時，這個人會不會聽從一開始的指令，也無條件地支持呢？若就心理學的角度來看，幾乎可以大膽地預測——他不會

乖乖地聽話。

然而，如果在會議中，小組裡有一個人提出反對：「我覺得方案A不可行」那又會怎麼樣呢？其實這樣反而可以期待對方會答應你的請求，願意支持方案A——因為有少數反對意見的存在，反而會讓我們覺得該主張才是正確的。

迷你鐵則

——為了達成真正的目的，試著摻入少許相左的想法吧。

[結　語]

×

活用暗示
讓生活、工作都順利

——無論是誰都能辦到！

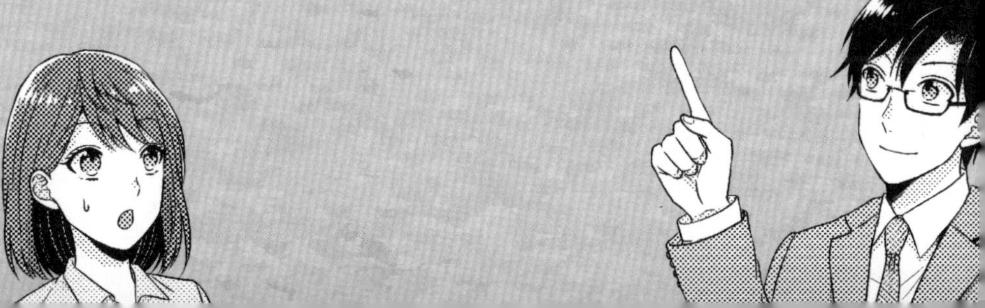

櫻花商店街
商店街活動當天——
商店街
工作人員
休息室
我盡力了，不曉得大家能不能玩得開心？
要是發生問題怎麼辦……
驚
慘了，我在對自己做負面暗示！這種時候……
活動很順利！平安無事地進行中！
用完成式念出夢想！
Machi
啪！
好！
喀擦
啊，組長。
Machi
Kon!

之後是不是去幫忙店家洗盤子比較好？
嗟！
真不愧是伊藤，會注意到這麼細膩的地方。謝謝，那就交給妳囉！
拍！
Machi I Kon!
新人狀態很不錯！只要重複告知優點，她就會積極工作了！
嗟！
嗟！
へ會場
我也要努力才行！
大家好，我是商店街活動的窗口武本！A會場的各位，大家好！
Machi I Kon!

歡迎蒞臨能同時邂逅美好的夥伴與美食的「一兼二顧」地區商店街活動！
大家手上都有飲料嗎？
哈哈
一兼二顧
那麼，就讓我們一起舉杯慶祝接下來要開始的美好時光，
乾杯——!!
乾杯——!!
恭喜妳的商店街活動成功！
都是拜相樂前輩教我的暗示溝通所賜！
武本，妳在短短的期間內真的很努力！
真的非常謝謝！

拜暗示溝通所賜，我才能面對組員們，跟他們好好說話！
團隊團結起來，工作也變得很順利！
真可靠呢！我有困難的時候，也請妳幫我好了。
組長！
啪嗒啪嗒
朱莉在短時間內成長，活力十足地工作……
不好意思，我想請問一下……
真的非常謝謝你！
噠！
我可不能輸給她！
我也要聰明活用暗示，讓工作更快樂！

參考文獻

- Allred, K. G., Mallozzi, J. S., Matsui, F., & Raia, C. P. 1997 The influence of anger and compassion on negotiation performance. Organizational Behavior and Human Decision Processes ,70, 175-187.
- Andre, N. 2004 Good fortune, luck, opportunity and their luck: How do agents perceive them? Personality and Individual Differences ,40, 1461-1672.
- Bardack, N. R., & McAndrew, F. T. 1986 The influence of physical attractiveness and manner of dress on success in a simulated personnel decision. Journal of Social Psychology ,125, 777-778.
- Bell.B.E., & Loftus, E. F. 1988 Degree of detail of eyewitness testimony and mock juror judgments. Journal of Applied Social Psychology ,18, 1171-1192.
- Boles, T. L., Croson, R. T. A., & Murnighan, J. K. 2000 Deception and retribution in repeated ultimatum bargaining. Organizational Behavior and Human Decision Processes ,83, 235-259.
- Brecher, E. G., & Hantula, D. A. 2005 Equivocality and escalation: A replication and preliminary examination of frustration. Journal of Applied Social Psychology ,35,2606-2619.
- Brown, S., Taylor, K., & Price, S. W. 2005 Debt and distress: Evaluating the psychological cost of credit. Journal of Economic Psychology ,26, 642-663.
- Cherubini, P., Rumiati, R., Rossi, D., Nigro, F., & Calabro, A. 2005 Improving attitudes toward prostate examinations by loss-framed appeals. Journal of Applied Social Psychology ,35, 732-744.
- Cimbalo.R.S., Measer, K. M., & Ferriter, K. A. 2003 Effects of directions to remember or to forget on the shor-term recognition memory of simultaneously presented words. Psychological Reports ,92, 735-743.

- Clary, E. G., Snyder, M., Ridge, R. D., Miene, P. K., & Haugen, J. A. 1994 Matching messages to motives in persuasion: A functional approach to promoting volunteerism. Journal of Applied Social Psychology ,24, 1129-1149.
- Darby, B. W., & Schlenker, B. R. 1989 Children's reactions to transgressions : Effects of the actor's apology, reputation and remorse. British Journal of Social Psychology ,28, 353-364.
- Davis, B. P., & Knowles, E. S. 1999 A disrupt-then-reframe technique of social influence. Journal of Personality and Social Psychology ,76, 192-199.
- Drachman, D., DeCarufel, A., & Insko, C. A. 1978 The extra credit effect in interpersonal attraction. Journal of Experimental Social Psychology ,14, 458-465.
- Godoy, R., Reyes-Garcia, V., Huanca, T., Tanner, S., Leonard, W. R., McDade, T., & Vadez, V. 2005 Do smiles have a face value? Panel evidence from Amazonian Indians. Journal of Economic Psychology ,26, 469-490.
- Groves, M. O. 2005 How important is your personality? Labor market returns to personality for women in the Us and UK. Journal of Economic Psychology ,26,827-841.
- Harvey, S., Blouin, C., & Stout, D. 2006 Proactive personality as a moderator of outcomes for young workers experiencing conflict at work. Personality and Individual Differences ,40, 1034-1063.
- Heck, M. A. K., Bedeian, A. G., & Day, D. 2005 Mountains out of molehills? Tests of the mediating effects of self-esteem in predicting workplace complaining. Journal of Applied Social Psychology ,35, 2262-2289.
- Herr, P. M., Kardes, F. R., & Kim, J. 1991 Effects of word-of-mouth and product attribute information on persuasion: An accessibility-diagnosticity perspective. Journal of Consumer Research ,17, 454-462.

- Hinds, P. J., Carley, K. M., Krackhaardt, D., & Wholey, D. 2000 Choosing work group members: Balancing similarity, competence, and familiarity. Organizational Behavior and Human Decision Processes ,81, 226-251.
- Insko.C.A., & Cialdini, R. B. 1969 A test of three interpretations of attitudinal verbal reinforcement. Journal of Personality and Social Psychology ,12, 333-341.
- Jehn, K. A., & Mannix, E. A. 2001 The dynamic nature of conflict: A longitudinal study of intragroup conflict and group performance. Academy of Management Journal ,44, 238-251.
- Johnson.R.E., 1970 Some correlates of extramarital coitus. Journal of Marriage and the Family ,August, 449-459.
- Karademas, E. C. 2006 Self-efficacy, social support and well-being: The mediating role of optimism. Personality and Individual Differences ,40, 1281-1290.
- Karris.,L. 1977 Prejudice against obese renters. Journal of Social Psychology ,101, 159-160.
- Kwallek, N., & Lewis, C. M. 1990 Effects of environmental color on males and females: A red or white or green office. Appled Ergonomics, 21, 275-278.
- Martin.R.A., & Lefcourt, H. M. 1983 Sense of humor as a moderator of the relation between stressors and moods. Journal of Personality and Social Psychology ,45,1313-1324.
- Mignault, A., & Chaudhuri, A. 2003 The many faces of a natural face: Head tilt and perception of dominance and emotion. Journal of Nonverbal Behavior ,27, 111-132.
- Nemeth, C. J., Connell, J. B., Rogers, J. D., & Brown, K. S. 2001 Improving decision making by means of dissent. Journal of Applied Social Psychology ,31, 48-58.

- 日本語倶楽部編，《品のいい人と言われる言葉づかい》，KAWADE 夢文庫。
- Nyhus, E. K., & Pans, E. 2005 The effects of personality on earnings. Journal of Economic Psychology ,26, 363-384.
- O Connor, K. M., & Carnevale, P. J. 1997 A nasty but effective negotiation strategy: Misrepresentation of a common-value issue. Personality and Social Psychology Bulletin ,23, 504-415.
- Pagoto, S. L., Spring, B., Cook, J. W., McChargue, D., & Schneider, K. 2006 High BMI and reduced engagement and enjoyment of pleasant events. Personality and Individual Differences ,40, 1421-1431.
- Peterson, S. J., Gerhardt, M. W., & Rode, J. C. 2006 Hope, learning goals, and task performance. Personality and Individual Differences ,40, 1099-1109.
- Reyna. B. C. J., V. F., & Brandse, E. 1995 Are children's false memories more persistent than their true memories. Psychological Science ,6, 359-364.
- Roberts.D.S.L., & MacDonald, B. E. 2001 Relations of imagery, creativity, and socioeconomic status with performance on a stock-market e-trading game. Psychological Reports ,88, 734-740.
- Robberson.M.R., & Rogers, R. W. 1988 Beyond fear appeals: Negative and Positive persuasive appeals to health and self-esteem. Journal of Applied Social Psychology ,18, 277-287.
- Rose, Y., & Tryon, W. 1979 Judgments of assertive behavior as a function of Speech loudness, latency, content, gestures, inflection and sex. Behavior Modification ,3,112-123.
- Rudman, L. A., & Glick, P. 1999 Feminized management and backlash toward agentic women: The hidden costs to women of a kinder, gentler image of middle managers. Journal of Personality and Social Psychology ,77, 1004-1010.

- Sagaria, B. J., Cialdini, R. B., Rice, W. E., & Serna, S. B. 2002 Dispelling the illusion Journal of Personality and Social Psychology ,83, 526-541.
- 坂川山輝夫，1997，《仕事の「言葉上手」になる99 の秘訣》，成美堂出版。
- Schindler, P., & Thomas, C. C. 1993 The structure of interpersonal trust in the workplace. Psychological Reports ,73, 563-573.
- Schweitzer, M. E., Church, L. A., & Gibson, D. E. 2005 Conflict frames and the use of deception: Are competitive negotiators less ethical? Journal of Applied Social Psychology ,35, 2123-2149.
- Smith.S.M., & Shaffer, D. R. 1995 Speed of speech and persuasion: Evidence for multiple effects. Personality and Social Psychology ,21, 1051-1060.
- Sparks, S. A., Corocoran, K. J., Nabors, L. A., & Hovanitz, C. A. 2005 Job satisfaction and subjective well-being in a sample of nurses. Journal of Applied Social Psychology ,35, 922-938.
- Stapel, D. A., & Koomen, W. 2005 When less is more: The consequences of affective primacy for subliminal priming effects. Personality and Social Psychology Bulletin ,31, 1286-1295.
- Van den Putte, B., & Dhondt, G. 2005 Developing successful communication strategies: A test of an integrated framework for effective communication. Journal of Applied Social Psychology ,35, 2399-2420.
- Van Eerde, W., & Thierry, H. 1996 Vroom's expectancy models and work-related criteria: A meta-analysis. Journal of Applied Psychology ,81, 575-586.
- Wood.R.E., Mento, A. J., & Locke, E. A. 1987 Task complexity as a moderator of goal effects: A meta-analysis. Journal of Applied Psychology ,72, 416-425.

- Yalch.R.F., & Yalch, R. E. 1984 The effect of numbers on the route to persuasion. Journal of Consumer Research ,11, 522-527.
- 夢プロジェクト編，2005，《ポジティブな人と言われる技術》，KAWADE夢文庫。
- Zaragoza.M.S., & Mitchell, K. J. 1996 Repeated exposure to suggestion and the creation of false memories. Psychological Science ,7, 294-300.

心靈方舟 0AHT0023

連拜託都不用，這樣暗示最有效

漫畫超圖解！用「暗示」就能順利動搖他人的心

マンガでわかる！人は「暗示」で9割動く！

作　　者　內藤誼人
腳　　本　酒井團子蟲
插　　畫　rikko
譯　　者　羊恩媺
書封設計　張天薪
內文版型　楊雅屏
編輯協力　張婉婷
主　　編　盧羿珊
行銷總監　張惠卿｜一方青出版國際有限公司
總 編 輯　林淑雯

讀書共和國出版集團
社　　長：郭重興
發行人兼出版總監：曾大福
業務平臺總經理：李雪麗
業務平臺副總經理：李復民
實體通路經理：林詩富
網路暨海外通路協理：張鑫峰
特販通路協理：陳綺瑩
印務主任：李孟儒
印務經理：黃禮賢

出 版 者　方舟文化／遠足文化事業股份有限公司
發　　行　遠足文化事業股份有限公司
地　　址　23141 新北市新店區民權路 108-2 號 9 樓
電　　話　+886-2-2218-1417
傳　　真　+866-2-8667-1851
劃撥賬號　19504465
戶　　名　遠足文化事業有限公司
客服專線　0800-221-029
E-MAIL　service@bookrep.com.tw
網　　站　http://www.bookrep.com.tw/newsino/index.asp
排　　版　菩薩蠻電腦科技有限公司
製　　版　軒承彩色印刷製版有限公司
印　　刷　通南彩印股份有限公司
法律顧問　華洋法律事務所｜蘇文生律師

定　　價　330 元
初版一刷　2020 年 6 月

國家圖書館出版品預行編目 (CIP) 資料

連拜託都不用,這樣暗示最有效 : 漫畫超圖解!用「暗示」就能順利動搖他人的心 / 內藤誼人著 ; 羊恩媺譯. -- 初版. -- 新北市 : 方舟文化出版 : 遠足文化發行, 2020.06
面 ;　公分. -- (心靈方舟 ; OAH0022)
譯自 : マンガでわかる! 人は「暗示」で9割動く!
ISBN 978-986-98819-5-1(平裝)
1.人際關係 2.溝通技巧 3.暗示
177.3　109005226

方舟文化
官方網站

方舟文化
讀者回函